淮南子神仙道家

吕凯 —— 编撰

九州出版社
JIUZHOUPRESS

图书在版编目（CIP）数据

淮南子：神仙道家 / 吕凯编著. -- 北京 ：九州出版社，2018.11

ISBN 978-7-5108-7549-6

Ⅰ．①淮… Ⅱ．①吕… Ⅲ．①杂家－中国－西汉时代②《淮南子》－研究 Ⅳ．①B234.45

中国版本图书馆CIP数据核字(2018)第251160号

淮南子：神仙道家

作　者	吕　凯
责任编辑	张艳玲
出版发行	九州出版社
地　址	北京市西城区阜外大街甲 35 号（100037）
发行电话	(010)68992190/3/5/6
网　址	www.jiuzhoupress.com
电子信箱	jiuzhou@jiuzhoupress.com
印　刷	三河市兴博印务有限公司
开　本	787 毫米 ×1092 毫米　32 开
印　张	13.75
字　数	290 千字
版　次	2019 年 3 月第 1 版
印　次	2019 年 3 月第 1 次印刷
书　号	ISBN 978-7-5108-7549-6
定　价	68.00 元

用经典滋养灵魂

龚鹏程

每个民族都有它自己的经典。经，指其所载之内容足以做为后世的纲维；典，谓其可为典范。因此它常被视为一切知识、价值观、世界观的依据或来源。早期只典守在神巫和大僚手上，后来则成为该民族累世传习、讽诵不辍的基本典籍。或称核心典籍，甚至是"圣书"。

佛经、圣经、古兰经等都是如此，中国也不例外。文化总体上的经典是六经：《诗》、《书》、《礼》、《乐》、《易》、《春秋》。依此而发展出来的各个学门或学派，另有其专业上的经典，如墨家有其《墨经》。老子后学也将其书视为经，战国时便开始有人替它作传、作解。兵家则有其《武经七书》。算家亦有《周髀算经》等所谓《算经十书》。流衍所及，竟至喝酒有《酒经》，饮茶有《茶经》，下棋有《弈经》，相鹤相马相牛亦皆有经。此类支流稗末，固然不能与六经相比肩，但它各自代表了在它那一个领域中的核心知识地位，却是很显然的。

我国历代教育和社会文化，就是以六经为基础来发展的。直到清末废科举、立学堂以后才产生剧变。但当时新设的学堂虽仿洋制，却仍保留了读经课程，以示根本未隳。辛亥革命后，蔡元培担任教育总长时才开始废除读经。接着，他主持北京大学时出现的"新文化运动"更进一步发起对传统文化的攻击。趋势竟由废弃文言，提倡白话文学，一直走到深入的反传统中去。论调越来越激烈，行动越来越鲁莽。

台湾的教育、政治发展和社会文化意识，其实也一直以延续五四精神自居，以自由、民主、科学为号召。故其反传统气氛，及其体现于教育结构中者，与当时大陆不过程度略异而已，仅是社会中还遗存着若干传统社会的礼俗及观念罢了。后来，台湾朝野才惕然惊醒，开始提倡"文化复兴运动"，在学校课程中增加了经典的内容。但不叫读经，乃是摘选《四书》为《中国文化基本教材》，以为补充。另成立文化复兴委员会，开始做经典的白话注释，向社会推广。

文化复兴运动之功过，诚乎难言，此处也不必细说，总之是虽调整了西化的方向及反传统的势能，但对社会普遍民众的文化意识，还没能起到警醒的作用；了解传统、阅读经典，也还没成为风气或行动。

二十世纪七十年代后期，高信疆、柯元馨夫妇接掌了当时台湾第一大报中国时报的副刊与出版社编务，针对这个现象，遂策划了《中国历代经典宝库》这一大套书。精选影响国人最为深远的典籍，包括了六经及诸子、文艺各领域的经典，遍邀名家为之疏解，并附录原文以供参照，一时朝野震动，风气丕变。

其所以震动社会，原因一是典籍选得精切。不蔓不枝，能体现传统文化的基本匡廓。二是体例确实。经典篇幅广狭不一、深浅悬隔，如《资治通鉴》那么庞大，《尚书》那么深奥，它们跟小说戏曲是截然不同的。如何在一套书里，用类似的体例来处理，很可以看出编辑人的功力。三是作者群涵盖了几乎全台湾的学术菁英，群策群力，全面动员。这也是过去所没有的。四，编审严格。大部丛书，作者庞杂，集稿统稿就十分重要，否则便会出现良莠不齐之现象。这套书虽广征名家撰作，但在审定正讹、统一文字风格方面，确乎花了极大气力。再加上撰稿人都把这套书当成是写给自己子弟看的传家宝，写得特别矜慎，成绩当然非其他的书所能比。五，当时高信疆夫妇利用报社传播之便，将出版与报纸媒体做了最好、最彻底的结合，使得这套书成了家喻户晓、众所翘盼的文化甘霖，人人都想一沾法雨。六，当时出版采用豪华的小牛皮烫金装帧，精美大方，辅以雕花木柜。虽所费不赀，却是经济刚刚腾飞时一个中产家庭最好的文化陈设，书香家庭的想象，由此开始落实。许多家庭乃因买进这套书，而仿佛种下了诗礼传家的根。

高先生综理编务，辅佐实际的是周安托兄。两君都是诗人，且侠情肝胆照人。中华文化复起、国魂再振、民气方舒，则是他们的理想，因此编这套书，似乎就是一场织梦之旅，号称传承经典，实则意拟宏开未来。

我很幸运，也曾参与到这一场歌唱青春的行列中，去贡献微末。先是与林明峪共同参与黄庆萱老师改写《西游记》的工作，继而再协助安托统稿，推敲是非、斟酌文辞。对整套书说不上有什么助益，自己倒是收获良多。

书成之后，好评如潮，数十年来一再改版翻印，直到现在。经典常读常新，当时对经典的现代解读目前也仍未过时，依旧在散光发热，滋养民族新一代的灵魂。只不过光阴毕竟可畏，安托与信疆俱已逝去，来不及看到他们播下的种子继续发芽生长了。

当年参与这套书的人很多，我仅是其中一员小将。聊述战场，回思天宝，所见不过如此，其实说不清楚它的实况。但这个小侧写，或许有助于今日阅读这套书的大陆青年理解该书的价值与出版经纬，是为序。

一部博古通今的书

吕凯

《淮南子》这部书，是一部杂家的著作。杂家的著作，最重议论，他们的议论博引多家，所以称为杂家。《淮南子》就是这样性质的一部书。它究竟杂到什么程度呢？我们看看它的篇目就可以明白了。它的篇目分别为：原道、俶真、天文、地形、时则、览冥、精神、本经、主术、缪称、齐俗、道应、泛论、诠言、兵略、说山、说林、人间、修务、泰族、要略。这些篇中，除了要略是总叙以外，其他有对宇宙来源的讨论，有对天地开辟的分析，有对天文的研究，有对地理的说明。举凡天地阴阳、四时五行、幽冥感应、论气守神，无所不言；天理人事、古今得失、用兵制胜、草木怪奇，无所不论。所以读了这部书以后，不但可以博古，而且有助通今。

这部书虽然是古说并陈的杂家著作，但是也有它的宗旨。《淮南子》大抵以道家为归，立意近于《老子》。其中所谈的淡泊无为、蹈虚守静和出入守常方面，都非常精辟。而寓言讽世，亦很有趣味。像《俶真训》里，就有这样的记载："梦中变为飞鸟，而飞翔于天空；梦中变成游鱼，而潜入了渊中。当他在梦中的时候，他根本不知道他在做梦。等他醒来的时候，他才知道他在做梦。现在一定要有大的觉醒，然后才能够知道，现在是在大梦之中呢。"像这样有趣味的话和富丽的文章，在《淮南子》里，比比皆是。因为这样的缘故，所以这部书又叫作《鸿烈》，鸿是大的意思，烈是明的意思，合起来就是大明道的意思。

朋友们！我们要想知道人世间治乱之道和存亡祸福，以及诡诞怪异珍贵奇特的事，或是想要对道家更深入了解的话，就去读《淮南子》，这是最好的书了。尤其是善于著作的朋友们！自古以来，先贤通儒在著作时没有不采用《淮南子》的。我们能够轻易地放过它吗？能够不重视它吗？

目　录

中篇 《淮南子》要略

下篇 《淮南子》精读

上篇

淮南王的身世和著作

第一章　淮南王的身世

一、淮南王的父亲是私生子

淮南王刘安，是汉高祖的孙子，是淮南厉王（原封为淮南王）刘长的大儿子。刘长是汉高祖的少子。他的母亲原来是赵王张敖的美人。在汉高祖八年的时候，高祖从东垣到赵国来，经过赵都，赵王张敖把美人赵氏①献给了高祖，赵美人就是淮南厉王刘长的母亲，因为得幸于汉高祖而怀了身孕。赵王张敖不敢再把她收在宫中，特别给她建筑了一座外宫，让她住进去。因为赵王张敖的王后，是汉高祖的女儿鲁元公主，汉高祖是张敖的岳父。所以汉高祖经过赵国的时候，常叱骂赵王。赵国的丞相贯高，愤恨汉高祖对赵王张敖无礼，偷偷地瞒着赵王张敖，在名叫柏人的地方埋伏下人来，准备暗杀汉高祖，但是汉高祖经过柏人的时候，认为柏人和"迫人"的声音、意义都很相近，所以就没有在这个地方停留。后来有人向汉高祖密告这件事，汉高祖知道了以后，非常生气，不但把贯高和他的同党逮捕起来，连同赵王张敖也逮捕了，并且把张敖的母亲、兄弟、美人全部收捕起来解系在河内，厉王的母亲赵美人也在解系之中。赵美人当时告诉监管的官吏说，她曾经得幸于汉高祖而怀了身孕。监管的官吏就把这件事情向汉高祖报告了。这时候汉高祖正在对赵王生气，就没有搭理厉王母亲的事。厉王母亲的弟弟赵兼，请托辟阳侯审食其把这件事告诉吕后，请吕后再和汉高祖说，可是吕后嫉妒赵美人，不肯和汉高祖说，而辟阳侯审食其也没有尽力劝吕后去和汉高祖说。厉王的母亲生下了厉王刘长以后，就自杀了。这时候监管的官吏，只好抱着厉王去见汉高祖，汉高祖见了非常后悔，就使吕后做厉王的母亲来养厉王，并把厉王的母亲葬在真定，因为真定是厉王母亲的老家，她的先祖世世代代都住在那里。

二、刘长初封为淮南王

汉高祖十一年十月的时候，淮南王黥布反叛汉高祖，汉高祖就把自己的少子刘长封为淮南王，将黥布做淮南王时的封地，全部封给了刘长，共包括九江、庐江、衡山、豫章四个郡。汉高祖亲率兵消灭了黥布，刘长就正式即位为淮南王。

三、刘长为母亲报仇

淮南厉王刘长，因为自小就失去了母亲，所以很亲附吕后和孝惠帝。因此，在吕后当政的时候，很能得到宠幸，也没有像其他的刘氏子弟遭到祸患和迫害。他虽然心里常常怨恨辟阳侯审食其，可是不敢公然发作出来。等到孝文帝即位不久，刘长以为和孝文帝最亲近，行为渐渐地傲慢不逊起来了。孝文帝因为他是兄弟的缘故，常常宽宥他。到孝文帝三年的时候，刘长到京师来朝见天子，行为更加蛮横了。同皇帝到苑囿中去打猎，还和皇帝同乘一辆车子，不称皇帝为君上，而以"大兄"来称呼皇帝。厉王有才干而且力气很大，能够举起重鼎。这个时候，他就去请见辟阳侯审食其，辟阳侯审食其出来见他，他就从袖中把预藏的铁锥取出来，用铁锥打辟阳侯审食其，并让随从刺杀辟阳侯。将辟阳侯杀死以后，厉王奔驰到阙下，肉袒着上身，向皇帝谢罪说："臣的母亲不应该连坐赵国丞相贯高谋反的事，那个时候，辟阳侯审食其有力量使吕后向高祖说明我母亲怀孕的事情，吕后不去说，辟阳侯审食其竟不劝她，这是他第一个罪名。赵王如意和他的母亲戚夫人，子母二人都没有罪，吕后竟然把他母子杀了，辟阳侯眼看着不去劝吕后，这是他第二个罪名。吕后当政，封诸吕为王，来危害刘氏，辟阳侯也不去劝她，这是他第三个罪名。臣现在谨为天下诛除贼臣辟阳侯！报我母亲被冤死的仇恨，现在敬伏在阙下请罪！"孝文帝对厉王替母亲报仇的心志很感伤，因为和厉王有兄弟之亲的缘故，所以没有治他的罪，而把他赦免了。

四、刘长由骄横而谋反

厉王刘长杀了辟阳侯审食其以后，上自薄太后和太子，下及众大臣，都很畏惧厉王。因为这个原因，厉王离开京师回到了淮南。归国以后，他更加骄横恣睢，不用汉廷的法令。出入拟于天子称警跸，发令比于皇帝称制。自己制法作令，全部仿效天子。

在文帝六年的时候，使男子共计七十人，跟棘蒲侯柴武太子名叫奇的，计划用车四十辆，在谷口地方谋反，并且派人出使闽越、匈奴想要连接共同造反。事情被汉廷发觉，用法来制裁他，并派使者召淮南王刘长。淮南王刘长到了长安，由原来的王者，而变成了戴罪之囚。

五、刘长的罪状

刘长到了长安，由丞相张苍、典客冯敬、御史大夫宗正逸、廷尉贺、备盗贼中尉福，共同向皇帝上刘长的罪状说："淮南王刘长，擅自废除先帝的遗法，不奉天子的诏命，居住的地方不合法度，造黄屋，乘舆加盖。进出和天子的仪驾一样。私自擅造法令，而不用汉的法令，他所设置的官吏也与汉法不合。他以郎中春做他的丞相，广收汉和诸侯的人才以及有罪逃亡的人，都把他们隐藏起来，给他们居处，给他们治产，赏赐他们财物、爵禄、田宅。赐爵之高，有高到关内侯的；俸禄之高，竟有高到二千石的，这都是天子以外所不应该得的爵禄。刘长这么做，是想要另有所为的。又大夫但和士伍开章以及其他合起来七十个人，同棘蒲侯的太子奇一起造反，想要危害宗庙、社稷。这些叛徒使开章暗地里告诉刘长，并计划派使者到闽越和匈奴共同发兵谋反。开章到了淮南见淮南王刘长，刘长常常和开章坐在一起谈话和吃饭，并给他房子，给他娶妻子，以二千石的俸禄供给他。开章使人告诉大夫但说：'已经和淮南王说好了。'淮南王的丞相春，派使者回报大夫但等那些想要谋反的人。汉廷的官吏发觉以后，就派长安尉奇等一批人，去追捕开章，刘长把开章藏起来不交人犯，并且和以前的中尉蕑（màn）忌谋杀开章来灭口。用棺椁衣衾把开章葬在肥陵邑，欺骗汉吏说：'不知道开章在什么地方。'又假装聚土堆成坟，在坟上立一个表志说：开章死埋此下。以及刘长亲自杀害无罪的一个人，令他的官吏枉杀无罪的六个人，作为亡命当弃市罪的替身，诈称捕获了亡命的人，而为真正亡命的人来脱罪。他私自加罪于人，没有人告诉和弹劾，而将城旦舂等以上十四人加以系治。私自赦免罪人死罪十八人，城旦舂以下五十八人，私自赐给人爵位关内侯以下九十四人。前时刘长生病，陛下对他忧心痛苦，派使者赐给他书信枣脯，刘长不想接受赏赐，也不肯拜见使者。南海郡民住在庐江界中的人谋反，淮南官兵攻打这些反叛的人，陛下认为淮南的百姓很贫苦，派使者赏赐刘长帛五千匹，使淮南王赏给官兵出征劳苦的人，刘长不想接受，欺骗皇帝说没有劳苦的人。南海郡民王织上书给皇帝，向皇帝献璧，蕑忌私下将书烧掉，不使皇帝知道。汉廷官吏请求召治蕑忌之罪，刘长不放人，骗说蕑忌病了，丞相春又向刘长请求，希望进去见他，刘长大怒说：'你想要背离我自己附汉吗？'以上这些罪状列举出来，刘长应该斩首弃市，臣等请依法治他的罪。"

六、孝文帝对刘长的宽容

刘长经五位大臣议定当斩首弃市后，汉文帝下令说："朕不忍心把重刑加到淮南王的身上，希望再和列侯二千石众臣共同商议。"于是经张苍、冯敬、臣逸、臣福、臣贺等又向汉文帝报告说："臣等和列侯吏二千石臣婴等四十三人共议，大家一致认为刘长不奉法度，不服从天子的诏令，并且暗中聚集党徒和谋反的人，厚养亡命之徒，想要有所行动，我们大家共议，依法定罪。"汉文帝又下令说："朕不忍心加罪于淮南王，希望赦掉刘长的死罪，废掉他的爵位不再称王。"于是张苍等众大臣建议说："刘长有大罪当死，陛下不忍加罪于他，他幸运能被赦免，废掉他的爵位不再称王，臣等请陛下出令，把刘长放在蜀郡的严道邛邮，送他的妾媵有子的跟去一起住。所住的县驿，由公家替他筑盖家室，并由公家供给他廪食，同时供给他薪柴、蔬菜、食盐、豆豉、做饭吃饭的器具以及席、蓐等。"众大臣并建议，请皇帝将此事布告天下。汉文帝复下令说："计给刘长的食物，每天供给他肉五斤，酒二斗。并使他原来的美人和才人得他欢心的十人，跟他居住在一起。其他的都按诸大臣的建议好了。并将和淮南王谋反的人，全部诛杀。"于是就把淮南王遣送上路，用辌车载送他，使各县驿依次传送。

七、刘长之死

当刘长被传送上路的时候，袁盎谏汉文帝说："您平素太骄纵淮南王了，没有给他请严格的老师，没有给他立严格的丞相，疏于防范，所以才到这样的地步。而且淮南王为人非常刚烈，现在突然间给他这样的打击和挫折，我怕他忽然之间遭到寒热而感冒，病死在路上，您就会被人加以杀弟之名，像这样的话，该怎么办呢？"汉文帝说："我只不过让他受点苦而已，现在就叫淮南王回来吧！"但是各驿站传送淮南王的人，都不敢打开车上的槛封，而使淮南王一直囚在槛车里。于是淮南王就和侍奉他的人说："谁说老子是个勇敢的人，我怎么能称得上勇呢？我因为骄蛮，所以听不到我的过错，以致到了这样的地步。人生一辈子在世间，怎么能够这样不快乐呢？"于是绝食而死。传送到雍县，雍县的县令打开了囚车上的槛封，就把淮南王已经死亡的消息奏报给皇帝。汉文帝听到这个消息以后，哭得很哀伤。同时告诉袁盎："我没有听你的话，结果淮南王还是死了！"袁盎说这也是没有办法的事，希望陛下自己宽心，不要太过悲伤。汉文帝问袁盎："现在该怎么办呢？"袁盎说："只有斩丞相、御史来向天下谢罪才可以。"汉文帝就派丞相、御史将那些传送淮南王而不开槛封和不给食物及侍奉的人，加以考查推问。推问的结果，这些人全部斩首弃市。并且用列侯的礼仪，把淮南王埋葬在雍县。守冢的有三十户人家。

八、刘安兄弟的封侯

刘长死后，到了汉文帝八年的时候。汉文帝对淮南王刘长的死，非常痛惜。淮南王有四个儿子，都才七八岁。于是封刘长的长子刘安为阜陵侯，依次封刘勃为安阳侯，封刘赐为周阳侯，封刘良为东城侯。

九、感伤的民歌

　　汉文帝十二年的时候，民间出现了一首歌谣，唱淮南厉王的遭遇道："一尺布尚可缝，一斗粟尚可舂，兄弟二人不能相容。"意思是说，一尺布还可以缝来兄弟共穿，一斗粟还可以舂来兄弟共食，天下那么广大，兄弟二人怎么不能兼容呢？汉文帝听了这个歌谣以后，就叹息着说："唐尧、虞舜放逐共工、三苗、伯鲧、骧兜同姓之亲；周公杀了管叔、蔡叔，天下称尧、舜、周公为圣人。这是什么原因呢？因为尧、舜、周公不以私利害公益啊！现在有这样的歌谣出现，难道是以为我贪图淮南王的土地吗？"于是就改城阳王为淮南王，封给他淮南王刘长做淮南王时的全部土地。同时追尊谥号给淮南王刘长为"厉王"。葬处置陵园，和诸侯的礼仪相同。到汉文帝十六年的时候，又改封淮南王刘喜复为原来的城阳王。而淮南王所辖的故地又空出来了。

十、刘安兄弟的封王

　　汉文帝对于淮南厉王废除朝廷的法度，图谋不轨，自己使自己失去封国，以致早死，非常怜惜悲伤，改封淮南王刘喜为原来的城阳王以后，就封淮南厉王的三个儿子阜陵侯刘安为淮南王，安阳侯刘勃为衡山王，周阳侯刘赐为庐江王，全部又得到了厉王刘长为淮南王时的封地，但把它分成了三份，使他们兄弟都封了王位。东城侯刘良，因为在此以前就死了，又没有后裔，所以只有三王了。

十一、七国之乱淮南王刘安幸得保全

在汉景帝三年的时候，吴、楚、赵、胶西、胶东、菑川、济南七国谋反。吴派使者到淮南约淮南王同反，淮南王刘安想要发兵响应七国之乱。刘安的丞相说："大王一定想要发兵响应吴国，我希望为将率兵相应。"淮南王于是将兵权交给了丞相，丞相得到兵权以后，因城设防，以兵自守，不听淮南王的命令应吴，而以兵助汉。这个时候，汉亦派曲城侯虫捷率兵来救淮南王，淮南王因为这个缘故得以保全。吴派使者到庐江约庐江王同反，庐江王不答应，但常常派使者和越来往。吴派使者到衡山约衡山王同反，衡山王坚守城池，毫无二心。到了孝景帝四年，吴、楚等七国已破，衡山王去朝见天子，天子认为衡山王忠贞诚信，于是慰劳衡山王的辛苦说："南方低湿，改封衡山王为济北王。"这么做是为了褒奖衡山王。等到济北王刘勃死了之后，就赐给他一个谥号为"贞王"。庐江王与越都邻边，常常派使者和越相交往，所以把庐江王改封为衡山王，以江北为王的封地。淮南王的封地仍然和原来一样。

十二、淮南王刘安的好恶和积恨

淮南王刘安，喜欢读书和弹琴，不喜欢射箭打猎和犬马驰骋，同时也用施惠于人的方法来抚慰百姓，使他的善誉传满天下。他时时刻刻都愤恨于父亲厉王的死，亦时时刻刻想要反叛为逆，但是没有借口。

十三、武安侯对刘安的怂恿

到汉武帝建元二年的时候，淮南王入朝朝见天子。他和武安侯田蚡交情一向很好，这时候武安侯田蚡为太尉，到霸上去迎接淮南王，对淮南王说："现在皇帝没有皇太子，大王您是高祖的亲孙子，行仁义于天下，天下没有不知道的，等到天子有一天晏驾升天了，除了大王以外，谁当继立呢？"淮南王刘安听了这话非常兴奋，送了很多的金钱和财物给田蚡。暗中结交宾客，抚慰百姓，进行他叛逆的计划。

十四、彗星出现和诌谀之士的蛊惑

在建元六年的时候，天空出了彗星，淮南王刘安心里觉得奇怪。这时候有人游说淮南王道："以前吴军起兵时，彗星出现了，长度只有几尺，然而竟造成了流血千里的战争局面。现在的彗星，长度与天一样，天下战乱应该要大起了。"淮南王心里以为这个征兆是皇帝没有太子，天下将变动，诸侯将并争天下。所以他就更加积极地整治器械和攻战之具，聚积金钱，以钱财贿赂买通郡国诸侯。那些游士们，奇才异能的人，诸辩士们有方略的人，随便造出妖言惑众的话来谄谀淮南王。淮南王心里非常欢喜，把很多金钱赏赐给他们，而谋反的意思愈来愈积极。

十五、刘安与汉廷的间谍战

淮南王刘安有一个女儿名叫刘陵，刘陵非常聪明，口才好又很会讲话。淮南王非常喜欢她，常常给她很多的金钱，派她到中央去侦探长安的动静，同时交接天子左右亲近的人。元朔三年的时候，汉武帝赐淮南王几杖，同时可以不用到朝廷去朝见。淮南王的地位就更高了。淮南王的王后，名叫作荼，淮南王对她非常宠幸，王后生了一位太子，名叫作刘迁，刘迁娶了皇太后的外孙修成君的女儿为太子妃。淮南王计划造反，很畏惧太子妃知道了内情，而把事情外泄。于是淮南王和太子计划，使太子假装不爱太子妃，三个月没有和太子妃同席。淮南王又假装对太子生气，把太子关起来使他和太子妃同房三个月，而淮南王太子在这三个月中，一直没有接近过太子妃。于是太子妃就要求离开淮南王太子。淮南王就上书谢罪而把太子妃送了回去。这时候淮南王后荼、太子迁和女儿陵，皆得到了淮南王的宠爱，擅专国家的权柄，侵夺百姓的田宅，随随便便地把无罪的人绑起来打。

十六、雷被事件与淮南王的谋反

元朔五年的时候，淮南王太子学用剑，他自以为自己的剑术没有人能够比得上。他听说郎中雷被的剑术很精，便把雷被召来以比剑做游戏，雷被一再地退让，失手之下，误中了太子。太子非常生气，而雷被心里更为恐惧。这时候朝廷有规定，凡是想要从军的人，就可以到京师去。雷被就志愿去抗击匈奴。可是淮南王太子迁，多次在淮南王那里说他的坏话，淮南王使令中郎斥免雷被郎中之官而使他无法到京师从军抗击匈奴，使以后的人不敢再学雷被这种方法。雷被在这种情况之下，遂偷偷地逃亡到了长安，并上书给皇帝告发淮南王来证明自己无罪。汉武帝下诏把雷被的告章交付廷尉和河南尹共同治办此事，河南尹派人追捕淮南王太子到河南来治罪。淮南王和王后计划不交出太子来，乘这个时机发兵谋反，计划犹豫了十多天没有决定。正好又遇到天子下诏就淮南案问淮南太子。这个时候，淮南相对寿春丞顺淮南王的意思不遣送太子的事非常生气，弹劾寿春丞大不敬。淮南王向淮南相请求不要弹劾寿春丞，淮南相不答应。淮南王使人上书给皇帝告淮南相，朝廷把这件案子交到廷尉来审问，有迹象显示事情牵连到淮南王。淮南王就派人伺察汉廷公卿们的举动，公卿们请汉武帝把淮南王抓来治罪。淮南王这时候很怕谋反的事被发现，太子迁进一个计划说："汉使假使要逮捕王的时候，王可以使人穿着卫士的衣服，手里执着戟在廷中，王的身旁有不对的时候，就刺杀他们。我也使人去刺杀淮南中尉。然后再举兵反也不晚。"这时候汉武帝没有允许公卿请求逮治淮南王的事，而派遣汉中尉殷宏到淮南向淮南王问验这件事情。淮南王听说汉使者要到淮南来，就照着太子暗中设计的埋伏计划行事。汉中尉殷宏到了淮南，淮南王见殷宏脸上颜色和气，问淮南王的仅仅是斥退雷被的事情而已。淮南王自己猜想没有什么罪，就没有发动他的埋伏。汉中尉殷宏回朝把淮南王的情形向汉武帝报告了。公卿们办理这件案子的人说："淮南王刘安，拥遏阻止应募抗击匈奴的人，雷被等人，为淮南王而不能成行，应该明令斩首弃市。"汉武帝不答应这样做。公卿们又请汉武帝废除淮南王的爵位，不再称王，汉武帝也不答应。公卿复请汉武帝削减淮南王五个县，汉武帝下诏削除淮南王两个县，并派中尉殷宏带着赦免令，赦除淮南王的罪名，仅仅罚淮南王削减土地。汉中尉殷宏入了淮南界，就宣言赦淮南王。但是淮南王开始听说汉公卿要求诛杀他，不知道结果是削地。听说汉使者已到，恐怕汉使者来捕捉他，和太子计划刺杀汉使者，依照以前的计划进行。但是汉中尉到了淮南便马上向淮南王道贺，淮南王因为这个缘故没有发动谋反。

十七、削地后的积极行动

淮南王刘安被削地以后，很伤心地说："我所行的是仁义之道，而竟遭削地的惩罚，真是感到耻辱！"所以他被削地以后，谋反的计划，进行得更为积极了。诸使者从长安路过来到淮南的人说些妖妄荒诞的话，说到汉武帝没有儿子以及汉廷不能治理的话，淮南王就很高兴；如果说汉廷治理得好，武帝有儿子的话，淮南王就很生气，以为这些人随便乱说，并不是事实！淮南王常常整天整夜和伍被、左吴这班人，案验地图，部署军队，指出何处可以进兵。淮南王说："现在天子没有太子，天子一旦晏驾，汉廷大臣，一定征胶东王为天子，不然就征常山王为天子。这时候诸侯群起并争，我怎么可以没有准备呢？再说我是高祖的孙子，最为亲近，行事合于仁义，天子对我又很恩厚，我能够忍耐，但天子死后，我难道还能够北面臣事小孩子吗？"因此淮南王谋反的行动就更积极了。

十八、伍被的劝谏

淮南王坐在东宫，召将军伍被说："将军请上来。"伍被怅然若失地说："当今天子宽赦了大王，大王怎么又提起了这些灭亡国家的话呢？我听说从前伍子胥谏吴王夫差，吴王夫差不用他的话，伍子胥就说：'我现在就要看到姑苏台变成苑囿，而成为麋鹿游居的地方了。'我现在亦将要看到宫里长满荆棘，而晨露将会沾满衣裳了。"淮南王听了大怒，把伍被的父母缧系起来，囚禁三个月。然后又召伍被对他说："将军答应我的计划吗？"伍被回答说："不！我特地来替大王设法而已，绝不赞成你谋反。臣听说耳朵灵敏的人，不听于有声，而听于无声；眼睛灵敏的人，不见于有形，而见于未形，所以圣人做什么事，什么事都能保全。譬如，从前的文王，一举事而功业显耀于千世之后，列为夏、商、周三代盛世之一。这就是所说的顺着天意而动的结果。所以海内的诸侯，没有盟会约定而都随着他一起举事，这是在千岁之后仍然可以见到的事。再说百年前的秦，和近世的吴国楚国，亦足够来明喻国家的存亡了。我不敢逃避伍子胥被诛杀的命运，希望大王以吴、楚为戒而听臣的劝告。从前秦灭绝先王的道统，杀方术之士，烧掉《诗》、《书》，抛弃礼义，崇尚诈力，加重刑罚，把远在海边的粮食，运到西河。那个时候，男子努力快耕，食糟糠尚且不够；女子尽力纺绩，盖形体尚且不足。又派遣蒙恬去修筑长城，东西长达数千里。而暴露在外的军队，常常有几十万，死亡的人更是数不清。僵仆的尸体远达数千里，血液流满了田野。天下的百姓，人穷财竭，想要作乱的人，十家里面就有五家。始皇又派徐福到海中去求神仙和珍异奇物。徐福回来谎说：'臣看见海里面的大神，大神对我说：你是西皇的使者吗？臣回答大神说：是的！大神问臣：你来求什么？臣回答说：希望请求赐给延年益寿长生不老的仙药。大神说：你们秦王的礼送得不够，仙药可以看看，但是不能拿回去！就任意地放臣向东南到蓬莱山，看见灵芝做成的宫殿，有使者他的皮肤是铜色，他的形体像龙，光耀上照于天。这时候臣就再拜向大神问道：用什么财宝来献，才能得到长生不死的仙药呢？海神回答说：用良家童子及童女，和其他百工之事，就可以得到了。'秦始皇帝听说之后，非常高兴，遣派童男童女三千人给徐福，并送了很多五谷的种子和百工的用具而远航海外。徐福在海外找到了陆地，上面有平原和大泽，就居住在那里自己称王而不回来了。于是，百姓们非常悲痛，想要起来作乱的人，十家里面就有六家。秦始皇又派尉佗，越过五岭，攻打百越，尉佗知道中国疲乏到了极点，就住在南越自己称王而不回来了。使人上书给秦始皇，请求无丈夫的女人三万人，用来做士卒们的衣补工作。秦始皇帝答应给他一万五千人。于是，百姓们离心，人心瓦解。想要起来作乱的人，十家里面就有七家。这时候有人和高皇帝说：'是可以起事的时机了！'高皇帝回答说：'等待一些时候吧！圣人应起于东南之间！'不到一年，陈胜和吴广就发难了。高皇帝开始在丰沛起事，倡导天下，天下不用约会而响应的人，不知道有多少。这就是所说的乘其病弊，待其时机，顺着秦走向灭亡的道路而发动的。汉高祖的发动，天下的百姓都希望这样，就像旱天百姓们希望下雨一样。所以虽然出身于行伍之间，终立为天子。功劳高过三代，德业传于无穷。现在大王您只看见高皇帝得天下太容易了，为什么不再看看近世的吴、楚呢？吴王濞天子赐号为刘氏的祭酒，又可以不朝天子，做四郡之众的国王，他所管辖的地方有几千里之广。在他的国境之内，铸铜为钱，在他的国境东边，把海水煮成盐。上游利用江陵的水来行船，一只船的载运量和中国几十辆车的载运量相等。国家富庶，人民众多，用珠玉金银财帛，贿赂诸侯、宗室大臣，只有窦氏没有收他的宝货。计划很周详，谋略很完善，然后举兵向西，而在大梁被汉天子的军队所击破，在孤父的地方吃了大败仗。吴王向东逃走，到了丹徒的地方，越人擒捉了他，结果，不但身死，而且绝了后代的祭祀，被天下的人所耻笑。像吴、越那么多的人和军队，反叛起来还不能够成功，是什么原因呢？实在说起来，是因为吴、越违反了天道而又不了解时代的需要。现在大王的军队，尚不及吴、楚当时的十分之一，而现在天下的安宁却比吴、楚时候要胜过万倍。所以希望大王听我的建议不要谋反，大王如果不听我的建议而谋反，现在眼看着大王所谋划的事情一定不能成功，反而会把谋反的消息走漏了。臣听说过，微子经过故国的时候，见到故国变成了废墟，因而非常悲伤，就作了一篇《麦秀》之歌，是悲痛殷纣王不用王子比干而作。所以孟子说，殷纣王贵为天子，死了之后，连普通的百姓都比不上，这是殷纣王在死之前先自和天下的百姓相绝的啊，并不是他死的时候天下的百姓才抛弃他的呀！现在臣亦私下为大王悲伤！大王抛弃千乘之国国君的尊贵，一定要等着皇帝赐给绝命之书，在群臣之前先死在东宫！"淮南王听了伍被这样的话，气得怨恨在心而说不出话来，眼泪满眶而滴不下来，就起身下阶而去。

十九、淮南王孙刘建的积怨和举发

淮南王有一个庶子，名叫不害，年纪最长，淮南王不喜欢他。淮南王的王后和太子也都看不起他。不害有个儿子名字叫建，他才能高强而且很有雄气，常常怨恨太子不把他父亲当作兄弟，又怨恨当时的诸侯都能够分封子弟为侯。而淮南王只有两个儿子，一个是太子，另一个就是他的父亲不害，却不能够封侯。所以刘建暗地想把太子告倒，使他的父亲不害来做太子。太子知道了以后，几次把刘建绑起来痛打。元朔六年，刘建上疏给天子说，苦味的药虽然很难吃，对于病症却能医治；忠贞的话虽然很难听，对于立身却有帮助。现在淮南王的孙子建，才能高强，淮南王的王后荼，荼所生的儿子太子迁，常常忌害建，建的父亲不害没有罪，而王后和太子私下几次捕捉他，想要把他杀掉。现在建在淮南，可以召他来审问，淮南王所有暗地进行的阴谋，他都知道。皇帝看了以后，就把这件事交给廷尉来治办，廷尉交给河南尹来治办。以前辟阳侯审食其的孙子审卿，和丞相公孙弘很要好。他怀恨淮南王刘长杀了他的祖父，于是就竭力地在公孙弘面前构陷淮南王谋反。公孙弘于是深加究治。河南尹究办这件案子，刘建的话牵连到了淮南太子和他的同党。淮南王对这件事非常忧虑，想要发动叛乱。问伍被说："汉廷是治呢？还是乱？"伍被回答说："现在天下大治！"淮南王心里不高兴，就对伍被说："你说天下大治，怎么证明呢？"伍被回答说："我私下观察朝廷的政治，在君臣的大义方面，父子的亲爱方面，夫妇的内外分别方面，长幼的先后顺序方面，都能够得到应得的分际。当今天子的举动措置，遵循了古代先王的遗法，社会的风俗，人伦的纪纲，也没有任何的缺失。装着重货的大商人，天下到处都有，彼此交易，非常普遍。道路没有不通的，所以商业贸易非常发达。南方的南越以时入贡，西南方的羌人僰（bó）人来献方物，东南方的东瓯（ōu）入朝降伏。拓广了长榆大塞，开通了朔方郡县，断了匈奴的右臂，伤了匈奴的羽翼，使匈奴失去援助而一蹶不振。这样的情形，虽然比不上古代太平的时代，但说起来，仍然可以称为治世。"淮南王听了非常生气。伍被向淮南王谢罪说："臣该死！"淮南王又对伍被说："山东马上就要发生战乱，汉廷一定会派大将军卫青率领军队去平定山东。你的看法，大将军卫青是一个什么样的人？"伍被回答说："我的好朋友黄义，随着大将军卫青去打匈奴，回来以后告诉我说，大将军卫青对待士大夫们很有礼貌，对于士兵们更是施恩布惠，所以大家都很愿意替大将军效命。他的骑士们上山下山就像飞一样快速，才干方面更是超人一等。我以为大将军卫青这样高强，就是常常率领军队和熟习战争的人，恐怕也不是随便可以比得上他的。"等到谒者曹梁出使长安回来，谈到大将军卫青，说他号令非常严明，对敌的时候，非常勇敢，每次都身先士卒。驻防休息的时候，在挖井还没有得到泉水时，他就要等士卒们全部得到水以后，他才敢喝水。在军士们疲乏的时候，士卒们全部渡河以后，他才渡河。皇太后赏赐给他的金银财帛，他全部都分赐给军吏们。他这样的作风，就是古代的名将也不过如此。"淮南王听了这些话，只好默默不语。

二十、淮南王和伍被的再度讨论

淮南王刘安看着孙子建被汉廷征召审问，恐怕国内的秘密阴谋将会被发觉，想要发动叛乱，伍被以为难以成功。于是他又问伍被："你认为吴王濞起兵的事，是对呢？还是不对呢？"伍被回答说："我以为是不对的。吴王是极为富贵的人，因为举兵谋反不当，而死在丹徒，头足分为两处，尸首不能保全，子孙后代一人无存。臣听说吴王失败以后，非常后悔。希望大王您要详细地考虑考虑，不要蹈吴王覆辙。"淮南王说："男子汉大丈夫所以决死，只不过一句话而已。再说吴王也不懂得怎么样举兵谋反，所以使汉将在一天之内，经过成皋塞口的就有四十多人。现在我派楼缓先切断成皋之口，派周被攻下颍川，用兵阻塞辕辕、伊关的道路，派陈定发兵南阳，守住武关，这样河南太守仅仅剩下雒阳而已，有什么值得忧虑的呢？然而在此北方还有临晋关、河东、上党和河内、赵国。当时的人有这样的话：断绝了成皋的出口，天下就不能交通；扼住三川的险要，以招取山东军队。举事有这样的情势，你以为怎么样？"伍被回答说："这样做法，臣所能看出来的是祸患，而看不出来有什么福祉。"淮南王说道："左吴、赵贤、朱骄如他们，都认为这样做可以得福，十分就有九分成功，只有你一个人认为有祸无福，究竟是什么原因呢？"伍被回答说："大王的群臣和亲近的人，一向能够使用大众的人，都已全部系在诏狱，剩下来的没有可以用的人。"淮南王说道："陈胜和吴广，二人穷得连立锥的小地方都没有，千人相聚，起兵在大泽之中，奋臂大叫，而天下到处响应。现在我淮南国虽小，但是可以操执武器的人约有十多万。并不仅仅像有罪的人被发配到边疆的乌合之众，也不是拿镰刀锄柄当兵器的人。以这样精良的军队举事，你为什么偏说有祸无福呢？"伍被回答道："从前秦人的作为残暴无道，毒害天下。秦始皇开驰道，起万乘之驾东游。又做阿房宫，征收天下大半的赋税，原在间左无役的百姓，秦人要他们服役到边地去。父亲不能安定儿子，哥哥不能便利弟弟。政治苛刻，刑罚严酷。天下的人，受着煎熬的痛苦，简直像被烤焦了一样。这时候天下的百姓，都举首企望着，侧着耳朵细听着，大声悲号，向天而哭，顿足捶胸而怨恨秦皇帝。在这种情形下，所以陈胜大声一呼，天下的人全都响应。现在的天子（汉武帝）统治着天下，四海之内如一，广爱所有的百姓，布德泽，施恩惠。他的口里虽未说话，但声音好像比雷霆还响。他的命令尚未发出，化民向善快得像神仙一般。心里有所怀想，威严可以震动万里以外。在下的人应和在上的人，像影子随着形体，像应响跟着声音。而且大将军卫青的才能，不仅仅像章邯、杨熊而已。大王用陈胜、吴广来比，伍被以为错了。"

二十一、伍被的计划和方法

淮南王和伍被再讨论之后说："假如像你所说的，那不是没有成功的希望了吗？"伍被回答说："我倒有一条愚计。"淮南王说："你的计划怎么样呢？"伍被回答道："现在的诸侯没有反叛的异志，百姓们也没有怨恨之气。北方的朔方郡，田地广大，水草肥美，迁徙的百姓不多，不能使朔方郡人口充足。我的愚计是：可以假造丞相、御史的请书，把郡国的豪杰和任侠的人，以及犯耐罪②以上的人，假作赦令，免去他们的罪，家产有五十万以上的，把他们的家属都迁徙到朔方郡。并多派士兵，催促他们限期迁徙。再假造作左右都司空，上林中都官、诏狱书，逮捕诸侯太子和幸臣。这样做的话，百姓一定怨恨，诸侯都生恐惧。马上派辩士去游说他们，使他们共同谋反，或可以侥幸有十分之一的成功希望。"淮南王说："这条计是可以的，虽然可以行这条计，我以为还不至于到这个地步。"这时候淮南王就使官奴进宫，假造皇帝的符玺，以丞相、御史、大将军、军吏中二千石、都官令丞印，和旁边邻近郡国、太守、都尉的印，汉廷使节的法冠，想依照伍被的计划实行。派人假装得罪了淮南王而西入长安，去侍奉大将军和丞相。一旦发兵的时候，马上刺杀大将军卫青，游说丞相相从，就像启发蒙童那样的容易了。淮南王想要发动国中的军队，恐怕淮南相和二千石不听他的命令，淮南王和伍被计划，先杀掉淮南相和二千石。计定假装宫中失火，相和二千石一定来救火，来到了，马上就杀掉他们。但是，计划没有决定。又计划使人穿着捉盗人的衣服，拿羽檄，从东方赶来大声叫说："南越的军队，进入我们的地界了！"想以这个借口来发动军队。于是就派人到庐江、会稽假装去追捕盗贼，但是结果没有发动这个计划。淮南王问伍被："我举兵向西方前进，诸侯一定有响应我的，假如没有响应我的，该怎么办？"伍被回答道："向南收取衡山，然后攻取庐江，据有浔阳的水军和战船，坚守住下雉的城池，封闭九江的江岸，断绝豫章彭泽的出口。用强弓劲矢守住江上，来防止南郡派兵由上流而下。东边收取江都和会稽。南方通好强劲的百越，称强在江、淮之间。这样子做，仍然可以持久无患，而延长国家的寿命。"淮南王说："好！这个方法不必再更改了。万一事情紧急，逃到越去就算了。"

二十二、反迹败露与伏法

当淮南王谋反的计划决定之后，这时候汉廷尉把淮南王的孙子刘建的供词，牵连到淮南王太子迁的部分，奏给了皇帝，汉武帝就派廷尉监——因要逮捕太子，所以拜他为淮南中尉——到淮南去捕捉淮南王太子。淮南中尉到了淮南。淮南王听到了消息以后，就和太子计划，把相、二千石请来，计划杀掉他们而起兵。召请相，相就来了。而内史也已经逃走没有来为其解说。这时候汉中尉说："我受皇帝的诏命为使者，现在不能够见淮南王，淮南王心里想只杀相，但是内史中尉不来，只杀了相也没有什么好处。"于是把淮南相就放了。这时候淮南王心里犹豫，计划仍未决定。淮南王太子心里想自己所犯的罪，是谋刺汉中尉，而所有参加谋刺汉中尉的人，都已经死了，他认为死无对证了。所以就跟淮南王说："群臣之中可以用的人，都已经被关起来了，现在没有能够和我们举事的人了。大王你以不适合的时机发动，恐怕不会成功，我愿意奉诏命就逮。"淮南王亦想苟且过去算了，因此就答应了太子去就逮。太子就自杀而未死。伍被自己去向官吏投案，并向官吏告说和淮南王谋反，谋反的事迹，全部在前面所论的事实中。汉吏因此就把淮南王太子、淮南王王后逮捕起来，并围住了淮南王的王宫，要全部捕捉跟淮南王参加谋反的宾客和其他在淮南国中参与的人。他们搜索到了谋反的器具，因而奏闻皇上。汉武帝下令交给公卿来审理这件案子，结果所牵连出来和淮南王谋反的列侯、二千石、豪杰，加起来有几千人，全部按罪状的轻重给予处分。

二十三、汉廷对淮南王的判决

对淮南王谋反事件，汉武帝非常重视，命诸侯王列侯丞相共议其罪。结果，以赵王彭祖和列侯臣让等为首四十三人共议，都一致以为："淮南王刘安，太大逆无道了，谋反的事情，证据非常明白，应当伏法受诛！"胶西王臣端议定淮南王的罪说："淮南王刘安，不遵守法令，行为邪僻，时常存着奸诈虚伪之心，来迷乱天下的人，蛊惑所有的百姓，背叛了祖宗，随便乱造妖言。《春秋公羊传》上说：'臣不可以想弑君，想弑君一定要受诛。'刘安的罪过重于想要弑君，谋反的形迹已经确定。臣端所看见有关淮南王的书节印图，和其他叛逆无道的行为，事事都查验得清清楚楚、明明白白。真是大逆不道，应当伏他所犯的法律。参与议论国家事务的官吏二百石以上和秩比二百石的官吏、宗室近幸的臣子，不在谋反犯法以内的，不能够相教忠于国家，应该全部免除他们的官职，削去他们的爵位，把他们降为士伍，不能再做官吏。不是官吏和其他的人，用金二斤八两来赎死罪。用这些措施，来表明臣子刘安的大罪，使天下的人，都明明白白地知道做臣子的道理，不敢再产生邪僻背叛天子的心意。"丞相公孙弘、廷尉张汤等，把共议的决定奏闻天子。天子派宗正用符节去治淮南王的罪，还没有到，淮南王刘安就自杀了。淮南王的王后荼、淮南王太子迁，还有很多跟淮南王共同谋反的人，全部罪加灭族。汉武帝因为伍被曾用很多好话来称赞汉的美德，不想杀他。廷尉张汤说："伍被最先为淮南王设计谋反的计划，伍被的罪是不可赦免的。"于是把伍被也杀了。淮南王被除去了，就把淮南王国的土地改为九江郡。

【注释】

①　后文说美人的弟弟赵兼，所以可以确定刘长的母亲姓赵。

②　耐是古代的一种罪名，这种罪是上不及髡的罪，也就是比髡低一点的罪。

第二章　淮南王的著作

一、《淮南内篇》二十一篇

根据班固自注，在《淮南内篇》二十一篇下，有"王安"二字，是说明这部书为淮南王刘安所著。这部书就是我们现在所看到的《淮南子》。《淮南子》这部书，原来也不叫《淮南子》。因为在这部书的《要略》里有这样的话："此《鸿烈》之《泰族》也。"根据这句话，淮南王刘安自己已把这部书命名为《鸿烈》了。所以高诱在《淮南子》叙里说：这书大体上是属于道家的，号称为《鸿烈》，鸿是大的意思，烈是明的意思，这部书是大大地阐明道家理论的一部书。当刘向校定写完以后，把这部书命名为《淮南》。《西京杂记》卷三说："淮南王刘安著《鸿烈》二十一篇，鸿是大的意思，烈是明的意思。这部书的内容，是说明大明礼教的事，号称为《淮南子》。"这恐怕在刘向的《别录》和刘歆的《七略》才开始把这部书命名为《淮南》的。所以《淮南内》二十一篇，原名为《淮南鸿烈》，后改名为《淮南子》。所以现在传存的《淮南子》，在《四库全书·子部·杂家类一》，曾有著录，名为"淮南子二十一卷。"《四库全书总目提要》认为：在《旧唐书·经籍志》有高诱《淮南鸿烈音》一卷，是以谈《鸿烈》的音为主。《宋书·艺文志》有《淮南鸿烈解》二十一卷，是以解《鸿烈》为主，但是下面注说：淮南王刘安撰，好像解也是淮南王刘安著的，所以许多书引用的时候，连《淮南子》的本文，也一并题作"淮南鸿烈解"。这实在是一个大的错误。这本书共二十一篇，第二十一篇要略，等于续文。

二、《淮南外篇》三十三篇

根据《汉书·艺文志·诸子略杂》，淮南王的外书有三十三篇，已经亡佚了，颜师古说："内篇论道，外篇杂说。"在《汉书·淮南王传》中说他的"外书甚众"就是指这些。

三、《淮南道训》二篇

《汉书·艺文志·六艺略易》有著录，已亡佚。《七略》说："《九师道训》这部书，为淮南王刘安所著。"《别录》说："所校雠的书中易传《淮南九师道训》，除去重复的，定著为二十篇。淮南王聘请通晓易理的易学家九人，从九人那里采收辑录而成，所以中书称这部书为《淮南九师言》。"在钱塘《淮南天文训补注》中说："盖古五子道训也。"这书也号"九师说"。

四、《淮南王赋》八十二篇

淮南王刘安的赋八十二篇，是根据《汉书·艺文志·诗赋略》屈赋之属的著录而定。大多数的赋均已亡佚。如《别录》说："淮南王有《熏笼赋》。"现在根据《太平御览》七百十二所收的资料可以证明，但是赋已亡佚了。又如：《全上古三代文》所收《屏风赋》一篇，是从《艺文类聚》中录出来的。所以现在残存的只是少数而已。

五、《淮南王群臣赋》四十四篇

此据《汉书·艺文志·诗赋略》屈赋之属著录而定。题《淮南王群臣赋》，则非淮南王之作品，臆其中或有淮南王之作品。现在《楚辞》中有《招隐士》一篇，为淮南小山的作品。淮南王的宾客，分别作有辞赋，把同类的放在一起，有的称大山，有的称小山，意思和《诗经》里面的大雅、小雅一样。

六、《淮南杂子星》十九篇

这部书已全部亡佚，现在已无文献可考。

七、《枕中鸿宝苑秘书》

根据《汉书》卷三十六的记载，说淮南有《枕中鸿宝苑秘书》，书里面所说的，是神仙使鬼物为金的法术。这是刘向的父亲刘德，在汉武帝的时候，因为参与治淮南王狱的工作而得到的书。苑秘也写作万毕，在《史记·龟策列传》里，褚先生（少孙）说："臣为郎时，见万毕石朱方。"葛洪《神仙传》也说："汉淮南王……作内书二十二篇（可能是二十一篇之误），又中篇八章，言神仙黄白之事，名为《鸿宝万毕书》。"所以《鸿宝苑秘书》，也写作《鸿宝万毕书》。这部书也见不到了。不过近世高邮茆泮林从《初学记》、《艺文类聚》、《太平御览》等类书辑成《淮南万毕书》一卷，刻在梅瑞轩《十种古逸书》里。长沙叶德辉也有辑本，刻在《观古堂所著书》里。现在可以看到的《枕中鸿宝万毕书》，仅存这些了。

现在的《淮南子》，是淮南王刘安的著作中，保存比较完整的一本书。他著这部书的目的和用意，在卷二十一《要略》里都有说明。所以在此先将要略介绍一下，使大家对《淮南子》的篇章和内容都能够有所了解。

中篇

《淮南子》要略

一、《淮南子》著作目的和篇目

凡是作书论的人，都是为了治理道德，安排人事。上考于天文，下测于地理，中通于人事。虽然不能够把玄妙之中的理论，全部抽引出来，但是足以能够从众多的事物里面，看它的终始变化，总理它的要领，举出它的概略。但是所说的话，不用它来分判淳朴的太素，也不用它来消灭事情的根本。为的是怕世人的闷瞀（mào）迷暗，不能够知道根本的重要。所以用了很多的话，来广为解说。又因为怕人们离开了根本去追求枝末。所以，如果只谈自然的道，而不谈人世间的事，就不能够随同世俗俯仰上下；如果只谈人世间的事，而不谈自然的道，就不能够和变化神妙的自然同游息。所以道与事相兼，著书二十篇。在这二十篇里，有原道训，有俶真训，有天文训，有地形训，有时则训，有览冥训，有精神训，有本经训，有主术训，有缪称训，有齐俗训，有道应训，有泛论训，有诠言训，有兵略训，有说山训，有说林训，有人间训，有修务训，有泰族训。分别解说如后。

二、对原道的解释

原道，是上下四方六合的规模，是产生万物的元气，是太一元气的根源。它可以探察暗不见底的深渊，又可以翱翔在虚无的区域。它可以用小来包裹大，可以用约来治广。使人能够知道先后的祸福，动静的利害。真的能了解道的真谛，广大的自然，就自然会呈现出一片胜景了。对原道来说，想要用一句话来说明，那就是尊重天然而保守真性。想要再用一句来说得更明白点，那就是轻视外物而重视自己的身体。想要更进一步用一句话详细地说明白，那就是以万物为外而归于真性，抓住道的意趣，使它对内洽润于五藏①，对外渐渐渍于肌肤。服膺法则和规范，同时和道终身不离。用道来应对万方，观通百变。所以执道在手，就像转圆丸在手掌里面，能够自得其乐的。

三、对俶真的解释

俶真，是要尽力随应终始的变化，环绕烦琐有无的真谛。它可以使万物分开，个别变化；又可以使死生同形，合而为一。使人能够遗弃对物欲的追求，反身求真。详知仁义之间的关系，通达同异之间的道理。能够看出来至德的统绪，可以知道变化的要点。所说的合于玄妙的理论，通于造化的根源。

四、对天文的解释

天文，主要的是在调和阴阳二气。分理日月的光辉，以节制取舍的时间。列举星辰的运行，以知道顺逆的变化。避免忌讳的祸殃，以依顺时运的相应。效法五神的不变，使人能够仰赖上天，承顺自然，而不会乱了规律。

五、对地形的解释

地形，主要的是在知道南北极长有多少，东西最广有多少，经度山陵的形状，区分川谷的位置，了解万物的本源，知道生类的众多，列举山渊的数目，测量道路的远近，使人对山川地形，生类多少，道路远近，都洞达周备。这样既不可以用物引动他，也不能够用奇怪的东西惊吓他。

六、对时则的解释

时则，主要的是上顺应天时的变化，下竭尽地力的生产。据法度而行宜，合于人的规则，以成十二月，作为标准模范，互相循环，终了以后再从头开始，这样运转于无穷。循旧不改，仿效而行，用这个来了解祸福。对于要不要开通阻塞，各有一定的忌日。发布施放号令，定时加以教育，使做人君的知道怎么样去办事。

七、对览冥的解释

览冥，所说的是到了最精的时候，可以上通于九天；到了至微的时候，可以沦没于无形。不杂不变而入于至清的境界；昭昭盛明而通于昏暗的地方。于是开始收引物类，观采取拾，微视想象相似众多的类别，凡物能够喻意象形的，就必须为它把窘滞不通的地方打通。把壅塞的地方用沟渠决开，把人的意象，牵引到无穷无尽的地方。借此以明物类的感通，同气的相应，阴阳的相合，形迹的兆朕。这些都是使人可以远观博见的。

八、对精神的解释

精神，它原来就是由人所产生的，所以它能够明谕指挥人的形体和九窍（阳七窍在眼耳口鼻，在上可见称阳；阴二窍在下尿孔肛门，在下不可见称阴，合阳七阴二共九窍），九窍取象和天相合同，它的血气和雷霆风雨相似，它的喜怒白昼黑夜寒暑同明，能够明辨生死的定分，判别同和不同的痕迹，节制动静的枢要，以恢复性命的根本。这样是为了使人能够爱惜和保养它的精神，安抚静息它的魂魄。同时不以外物而易自己的身体，并坚守虚无的精神之宅。

九、对本经的解释

本经，它所要明白的是大圣的德，它所要通达的是太初的道。区别衰世和古今的变革，用来推赞先世的隆盛，而贬谪末世的不直政治。主要的是要人不要靠耳目的聪明和精神的感动，停止不专的看法，来节省精神，以达到养性的和谐，以分别帝王的操守，表明大小的差别。

十、对主术的解释

主术，为人君的事，主要的是顺着工作职分而加以考核，使所有的臣下，都能按他的职责，各尽他的能力，知道怎么使用权柄来统制群臣，挈名求实，考之于五帝三王的措施，使做人君的能够得到方法和要领，而不随便妄加喜怒。他的方法是循正道而行，以纠正邪枉；把私心除外，建立公平的制度。这样使所有的官员，有条理而能集中精神，每个人都能专心在他的工作上，而表现出功绩来，这就是所谓的主术之明了。

十一、对缪称的解释

缪称，对于破碎相异的道德加以讨论，对于差次不同的仁义加以分别，并略糅杂人间的事务，以同于神明之德，借象用耦，来相比喻。取短章以为一义，来明小事，这就是用小巧之说攻难辩论，而彼此相感相应永无匮乏。

十二、对齐俗的解释

齐俗，是为了使众生的习俗，无论短长都能齐一，使九夷的风俗能够相同，对古代和现代的论点都能够通达，对万事万物的道理都能够贯通，裁节制定礼义的适当方法，划分人事的终始。

十三、对道应的解释

道应，是要揽拾行事的踪影，回顾前代的轨迹，辨别祸、福、利、害的变化，而和老、庄的道术相验证，以应合得失的形势。

十四、对泛论的解释

泛论，就像针线补缀破衣之间，筛塞抵牾之隙，连接路径的直曲，来推求他的本质，以显出来得失的变化，利病的不同。这样可以使人不随便为势利所没，不任意为事态所诱惑，和日行之道相符合，同时亦稽考时势的变化，道化的推移。

十五、对诠言的解释

诠言，譬况比类人事的旨趣，了解明白治乱的根本，择取精微之言的玄妙，用至理的文章来诠释，借此以填补缝合过失的缺失。

十六、对兵略的解释

兵略，是为了明白战争胜利，攻敌拔取的方术，地形时机的情势，诡诈奸谲的变化，本着自然之道，用不敢为先的观点。因此知道战阵分争求胜非用道不可以成功，知道攻取坚守非用德不能够强盛。如果真的能够懂得这个道理，那么无论是前进后退，向左向右，就不会有违碍不通了。乘着时势作为凭借，守住清静作为常态。避开敌人主要的实力，而攻击敌人无备的空虚。这样的形势，就像驱逐群羊那么容易，这就是善于论军事的人了。

十七、对说山、说林的解释

说山和说林两篇，是为贯通穿连被壅蔽阻碍的百事，通行开放被关闭锁住的万物。假借譬喻，采用法象，把不同的类别，相殊的形体加以分别，借此来明白治人的意思。解脱结纽，脱释卷束，借着这个方法，来明白百事的形兆，而了解它的真谛。

十八、对人间的解释

人间这一篇，是为了观察祸福的变化，详辨利害的不同，钻研条理失得的历史，标举终始循环的传递，分别明辨百事的精微，铺叙存亡的枢机，使人知道祸可以转变为福，亡失可以转变成获得，成功可以转变为失败，利益可以转变成祸害。如果真的能够明白这个至高的真理，就可以偏居于一方，浮沉于世俗之间，而不会受到谗言贼害和螫（shè）毒的伤害了。

十九、对修务的解释

修务，主要是说明人对于道不能够深入，体味理论不够深远，所以用文辞表现出来，使人恢复到以清静为常道，以恬淡无欲为根本。这样就可以使人知道，懒惰不专于学，放纵情欲来满足愿望，以偷薄自佚而使大道不通的道理。这就像狂者没有忧愁，圣人亦没有忧愁一样。但是，圣人之所以没有忧愁，是因为他的德合于自然。狂者之所以没有忧愁，是因为他根本不明白什么是祸，什么是福。所以说，通达的无为和不通达的无为，二者的无为是相同的。可是二者无为的原因，就有差别了。所以特别用些不实的话和无根之说，使学者能够辨别，使学者孜孜不倦，庶几自通于道。

二十、对泰族的解释

泰族，就横的方面来说，可以远达八极，就高的方面来说，可以高到极高。它可以使天上的日、月、星倍增光明，它可以使地下的水土调和。经历了古今的大道，整理了伦理的秩序，总统万方的理论而使它归于一个根本，用这个众理一本的道，来组织治国的方法，经理国家大事。所以要使心术归本，使性情得正，使清平的心灵有所寄托，使神明的精神清澈分明。借此与上天的和气相绕相接。由这里可以览看五帝和三王，他们能够怀包天气，抱持天心，执守中道，内含和气，德充满于内心，用德萃聚凝结天地，发动阴阳，推排四时的顺序，订正四方的方法。这样来安抚天下，天下就可以安宁；推行于天下，天下都能够奉行。用这个来造就万物，周流化育群生，有倡导就有相应的，有行动就有拥护。在整个的四海之内，大家都是一样的心意，有一同的归向。因为这个缘故，所以在月亮旁边的景星就会出现，来增加月亮的光明，不使树枝发出响声的祥风，也会吹起，黄龙自天而下降，凤凰的巢筑在树上，麒麟住在郊野。如果不是内心充满了德，而只是推行他的法令，专门用他的规定。这样的话，天神地祇都不会显灵，福祉征祥都不会到来，四方的百姓不会宾服，天下的百姓不会接受教化。所以德充满于内心，是治天下最大的根本。这就是万物归于一理的大功了。

二十一、论著书之意和《淮南鸿烈》二十篇的关系

凡是著书的人，都是为了探测大道，打开障塞。借着这个使后世的人，了解什么事该做，什么事不该做；什么是需要的，什么是不需要的，怎么能够处理得合适。同时和外物接触的时候，不会迷惑，在内心中，又能够安神养气，每天都安炙于和气之中，而自乐在所受的天地之间。所以说，如果谈论大道而不明白阴阳终始的推移，就不知道怎样去模仿依循自然。如果谈论阴阳终始的推移而不明白天地四时的循环，就不知道避讳。如果谈论天地四时而不知道引用譬喻和举出类别，就不能够了解精微要妙。如果谈论精微要妙而不以人的神气作为根本，就不能够了解养生的

奥妙。本于人情而谈论大圣的受命天德，就不能够了解五行的不同。谈论帝王之道而不说君人南面之事，就不知道大小的差别。谈论君人南面的事而不做称引比喻，就不能够知道动静的合不合适。谈论称引比喻而不说明风俗的变化，就不知道合同的大指所在了。谈论风俗变化而不说明以往的历史事实，就不能够了解道德的响应。知道道德的响应而不知道世俗的曲折，就没有办法和复杂的万方相配合。知道泛论以博说世间古今的得失而不知道诠言的就万物之指，以言其征，就不能够举动合道。通达书文而不懂用兵的要归，就没有办法应付猝然②发生的军情。知道了大略而不知譬喻，就没有办法把事情推究明白。知道了公道而不知道人间，就没有办法应付祸福。知道人间而不知道修务，就没有办法使学习的人勉力去求。想要努力省察书中的言辞，览观书中全部的要点，不小心去做，深入研讨，就不能够极尽道德的本意。所以著书二十篇，而这二十篇的理论，可以使天地之间的道理毕尽了，人世间的事也可以全都看见了，帝王治国安民的道术全部都具备了。他所说的话，有小的有大的，有精微的有粗略的，每卷旨趣，各不相同，所用的话，亦有所异。现在专就道而言，道是无所不在。但是，能够得本就能知末的，只有圣人才能够做到。现在的学者，没有圣人的才具，假如不替他们详细地说明，就会终身颠沛困顿在昏暗不清的境界里，不知道用昭明之术使自己觉悟。

二十二、读《淮南》二十篇可以逍遥放游于天下

现在就《易》的乾、坤两卦来说，就很够尽天道通人事的了。就八卦来说，可以用它来辨别吉凶、了解祸福。但是伏羲氏重为六十四卦，到了周文王的时候，又加上了六爻，《易》就变成了测清静大道的本原和追逐万物的祖先了。就五音的数目来说，只不过宫、商、角、徵、羽而已，但是用五弦的琴来演奏音乐，就不可以马上鼓琴。必须有高低小大的音，使它和谐，然后才能够成曲。现在画一条龙的头，看到的人不知道它是什么兽，把它的形状完全画出来，自然就不会怀疑了。现在说它是道就多了，说它是物就少了，说它是术就博大了，说它是事就浅薄了。用这个理论来类推，就没有话可说了。所以为学的人，当然希望能够达到不说话的境界才算到家。因为道的理论是非常高深的，所以用很多话来解说它实际的情况，万物的数量是非常众多的，所以用广博的话来加以解说，它的词句虽然曲折连绵，纠纷远引，为了润泽洗净至意，使它没有凝聚闭塞，这样就可以掌握它而不会分散了。在江河里面的腐尸多得不可胜数，但是祭祀的人，都汲取江河里的水，这是因为它太大了。一杯很美的酒，苍蝇泡在里面，普通的人都不会去尝它，这是因为它太小了。如果真的能够贯通这二十篇的理论，能够看出来它的主旨，得到它的概要，就可以通过九野，走过十门，脱出天地，抛弃山川，对于逍遥自在于一世之间，主宰造就万物的形体，也就很优游自在了。

二十三、周文王以仁易暴

周文王的时候，殷纣王做天子，征税聚敛，没有限度，杀戮百姓，没有止息，耽乐荒淫，沉湎酒色，使宫中成了闹市。制造炮烙作为刑罚，挖谏者比干的心，剖腹看孕妇的胎儿，天下的百姓，同心怨恨他。而周从太王、王季、文王到武王四代累积善行，修明德政，奉行正义，建国在岐山和周原之间，土地虽然不超过一百里，但是天下的三分之二都归服了他。周文王想要用柔弱的方法来制服强暴，替天下的百姓去掉残暴，消除祸害，而达成仁政爱民的王道。因此，太公的计谋就产生了。

二十四、儒家学说的产生

周文王的事业还没有完成就死了，武王继承了文王的事业，用太公的计谋，率领全部为数不多的军队，亲身穿戴着盔甲，来讨伐无道而又不义的纣王，在牧野举行誓师典礼，登上了天子的龙位。这个时候，天下还没有平定，海内也没有安宁，武王为了宣扬文王爱民的仁政，使远方的外族都带着他们的宝货来进贡，那时候辽远的国家还没来归顺，因此，武王就行了三年的丧礼，在堂上的两柱之间，殡殓了文王，以等待远方国家来归向。武王在位三年就驾崩了，周成王当时还是抱在怀里的小孩子，不能够主持国家的政事，而在这个时候，蔡叔和管叔，辅佐纣王的禄父，想要作乱。周公继承了文王的事业，代理天子行使政权，来做周朝的股肱（gǔ gōng），辅助成王。周公惧怕战争不能够停止，臣下要危害君主，所以把马纵放在华山，把牛纵放在桃林，把战鼓毁坏了，把鼓槌折断了，周公自己在腰带上插着朝笏来朝见天子，借着文治使王室安定，也安抚了天下的诸侯。成王年长成人以后，能够自己处理政事，周公把政权奉还成王，自己受封于鲁国，以礼乐在鲁国进行移风易俗的教化工作。后来鲁国的孔子学习了成王、康王治国的道理，遵循着周公的教训，用来教诲他的七十二个门生弟子，使他们都穿戴着鲁国所制订的儒服儒冠，学习周公所遗留下来的书籍，因此，儒家的学说就产生了。

二十五、墨家学说的产生

墨子学习过儒家的学说，接受过孔子的道术，他认为儒家的礼节过于烦琐而不够简易，厚葬浪费财物而使百姓贫困，丧服太久有伤健康而妨害工作。所以，他放弃了周制而采用夏制。夏禹的时候，天下发了大水，到处都是洪流，夏禹亲自带着土筐铁锹，走在百姓的前面去治水，疏通了河道，开导出九条支流，凿开江水，分为九条别流，开辟了五湖，而安定了东海。当时，人身上或是什么地方被火烧了，也没有时间去扑灭，被水打湿了，也没有工夫去擦干。人死在山上的就葬在山上，死在水边的就葬在水边。所以，节省财用，简单埋葬，以及简化丧服制度的学说就产生了。

二十六、管子学说的产生

齐桓公的时候，周朝的天子地位变得低弱，诸侯互相征伐，南方的蛮夷，北方的戎狄都来侵伐中国，中国虽然没有灭绝，但维系存在的，只是像一根线而已，危险到了极点。齐国所处的地位，东边靠着东海，北边隔着黄河，土地狭窄，田地太少。但是齐国的人民，聪明而有技巧。齐桓公担心中国的危难，受不了夷狄的侵略，为恢复已亡的古国，延续将要断绝的诸侯后裔，尊崇周天子的地位，扩大周文王和周武王的事业，所以《管子》这部书就产生了。

二十七、晏子谏诤的产生

齐景公在宫里爱好音乐和美色，在宫外爱好狗马，打猎射鸟乐而忘返，好色看中意的人不分亲疏。在宫里建筑了一座高台，铸造了一座大钟，在庭中撞起大钟来，郊外的野鸡都会应声叫起来。一天的赏赐，就用去了价值三万斛粟米的费用。梁丘据和子家哙二人在景公的左右阿谀奉承，所以晏子的谏诤就产生了。

二十八、纵横长短之说的产生

春秋以后的战国时代，六国诸侯，以溪异界，以谷别区，以水相绝，以山相隔，各自管理着自己的国境，固守着自己的疆土，掌握着自己的权柄，专擅推行自己的政令。下面没有专于一方的诸侯之长，上面没有发号施令的天子。他们用强力的战争来争权夺利，胜利者就高高在上。他们互相联结，广交与国，他们用盟约要誓，用符契为信，远结援助，互相支持，来保守自己的国家和领土，保有自己的社稷。所以合纵、连横游说、长短之说就产生了。

二十九、刑名之书的产生

申不害是韩昭厘王的辅佐大臣，韩本来是晋国分出来的，土地贫瘠，民性险恶，而又处在大国的中间。晋国的旧体制没有消除，韩国的新法令又出现了，以前君主的命令还没有结束，新君主的命令又颁下来了。新的法令和旧的法令不同，以前的法令和新的法令互相矛盾，百官处在新、旧法令之下，不知所从，事情常常违背混乱，不知道该用什么法令较为恰当。因此，讲刑名的书就产生了。

三十、商鞅之法的产生

秦国的习俗，贪狼而好用强力，不讲信义而专重趋利，只讲求用刑罚来威吓，而不讲求用善来教化人民；讲求用奖赏来鼓励人民，而不讲求用名誉来激勉人民。秦国的地理形势非常险要，前面靠着黄河，四面都有天然的要塞来巩固国防，地形有利，形势方便，积蓄饶多，国家富厚。秦孝公想用虎狼一般凶猛的优势来并吞诸侯，所以，商鞅之法就产生了。

三十一、刘氏《鸿烈》妙用无穷

至于像刘氏这样的书，观察天地的现象，通贯古今的事理，衡量事的轻重来建立法制，度量形势的同异来用适当的方法，推本于大道之意，配合三王的风教，而加以扩大，玄妙之中，深入到精微细小的地方；抛弃掉它的糟粕，取它纯善正静的部分。来统治天下，治理万物，以适应世事的变化，适应不同的地方，因为不是遵循着哪一条道路，不是拘守哪一个方向，不是受着外物的牵连，而且并不是不能跟着形势发展的。所以把它放在八尺或丈六的地方而塞不满，散布到天下也不会觉得空虚。

【注释】

① "藏"和"脏"字音义相通。

② "卒"和"猝"字音义相通，"卒然"和"猝然"相同，都是突然的意思。

下篇

《淮南子》精读

卷第一　原道训

一、道无形而用周

道，上可以覆盖天，下可以运载地，通四方，包八极；它高不可接，深不可测；包裹了整个宇宙，生成了万物。它像水，从源头喷发出来，流过所有的空隙，慢慢地流满；水势上下翻腾，把混浊的泥浆渐渐澄清。道竖直起来，可以充塞天地，横放下去，可以连接四海，它的用途，无穷无尽，而且不受时间的限制。把它展放开，可以笼罩上下四方，把它卷收起，仅仅不满一握。它小而能变大，暗而能变明，弱而能变强，柔而能变刚。道能维系天地，包含阴阳，安定宇宙；时间空间赖它而有，日月星辰靠它生光；柔软到达极点，精细到了极致；山岳因它而高，海洋因它而深，兽类因它而能走，鸟类因它而能飞，日月因它而光明，星辰因它而运行，祥瑞的麒麟因它而出现，吉祥的凤凰因它而翔集。它虽无形，却是用之不尽的啊！

【点评】

凡是不见形象的东西，就有无形的力量。神不见形，而生灵异；气不见形，而活万物。而能够统神气的道，虽然没有形体，但是宇宙万物，都赖之以运行转动和生存。而且永远取之不尽，用之不竭。

四、什么叫作九塞

什么叫作九塞呢？在山西的太汾，弘农的渑阨，楚地的荆阮和方城，弘农的殽坂，常山通往太原的井陉，辽西的令疵，雁门阴馆的句注，上谷沮阳之东的居庸，合起来称为九塞。

【点评】

太汾塞在现在的山西。渑阨在现在的河南渑池县。荆阮在现在的湖北。方城在现在河南的方城及叶县。殽坂在现在河南的西部。井陉在现在的河北井陉。令疵在现在的河北迁安市，又名令支。句注在现在的山西雁门。居庸在现在的河北怀来和北京之间。这些要塞，在古代都是很重要的军事重地。

五、什么叫作九薮（泽）

什么叫作九泽呢？那就是越的具区泽，楚的云梦泽，秦的阳纡泽，晋的大陆泽，郑的圃田泽，宋的孟诸泽，齐的海隅泽，赵的巨野泽，燕的昭余泽。合起来称为九泽。

【点评】

具区泽又名震泽，就是现在的太湖。云梦泽本在湖北，因与今洞庭湖一带相连，所以注说在南郡华容，那就是指的洞庭湖了。阳纡泽在现在的陕西泾阳县。大陆泽在现在的河北任县东北，又名广河泽。圃田泽在现在的河南中牟县。孟诸泽在现在的河南商丘，并有孟猪、望诸、明都、盟诸等名。海隅泽在现在的山东临海之地，都是古代的海隅泽。巨野泽在现在的山东巨野县，又名大野泽。昭余泽在现在的山西晋中祁县。

六、什么叫作八风

什么叫作八风呢？东北方的风叫作炎风，别名又叫作融风。东方的风叫作条风，别名又叫明庶风。东南方的风叫作景风，别名又叫清明风。南方的风叫作巨风，别名又叫作恺风。西南方的风叫作凉风。西方的风叫作飂（liù）风，别名又叫阊阖风。西北方的风叫作丽风，别名又叫不周风。北方的风叫作寒风，别名又叫广莫风。合起来称为八风。

【点评】

炎风又名融风。条风又名明庶风。景风又名清明风。巨风又名恺风。凉风又名西南风。飂风又名阊阖风。丽风又名不周风。寒风又名广莫风。

七、什么叫作六水

什么叫作六水呢？那就是河水、赤水、辽水、黑水、江水、淮水，合起来称为六水。

【点评】

河水就是现在的黄河，古代称为河或河水。赤水在现在的青海。辽水就是现在的辽河，源出碣石山，至辽东入海。古代名黑水者很多，这里是指雝州的黑水。江水就是现在的长江，也称为江或江水。淮水就是现在的淮河，源出于桐柏山，古名淮或淮水。

八、四海之内的大小山川

在整个四海之内，东西横二万八千里，南北纵二万六千里。水道八千里。通谷有六条，有名的河川有六百条。陆地的邪径三千里。夏禹使太章从东极步行到西极，共计二亿三万三千五百里七十五步。使竖亥从北极步行到南极，共计二亿三万三千五百里七十五步。凡是大水深泽，自三百仞深以上的，共二亿三万三千五百五十九个。夏禹用息土来填洪水，而成为大山，平昆仑虚使它低于地面，昆仑虚里面有重城九座，它的高度一万一千里，厚度百一十四步二尺六寸。昆仑虚上生长了木禾，它的长度有四十尺。在木禾的西边生有珠树、玉树、琁（xuán，后同璇）树和不死的树；在木禾的东边生有沙棠树、琅玕（gān）树；在木禾的南边生有绛树；在木禾的北边生有碧树和瑶树。旁边有四百四十门，门与门的间隔为四里，里与里的间隔为九纯，一纯为一丈五尺。旁边有九口井，用受不死药的玉彭，支撑在西北的一隅，开着北门以接受不周风，宫满一顷，用旋玉装饰房子。悬圃山、凉风山、樊桐山在昆仑虚闾阖门里面，是昆仑虚的疏圃，疏圃的池里，灌满了黄水，黄水三周以后，恢复它的本原，就叫作白水，喝了以后可以不死。

【点评】

这是记载四海之内的大小山川和东西南北的纵横长度。其中兼有神话的味道，如疏圃里灌黄水，三周变白水，白水喝了不死之类，都是近乎神话。

九、神泉与灵地

河水出于昆仑山的东北隅，流进了渤海，河水从夏禹开通的积石山流出来。赤水出于昆仑山的东南隅，向西南流，注进了南海丹泽的东边。赤水的东边弱水，从穷石山流出来，流到合黎，下游流入了流沙，通过流沙，向南注入了南海。洋水出于昆仑山的西北隅，流进了南海羽民的南面。以上这四条河的水，为天帝的神泉，可以用来和百药，滋润万物。从昆仑山再上高一倍，就是所说的凉风山，能够上到凉风山上，就可以不死。从凉风山再上高一倍，就是所说的悬圃山，能够上到悬圃山上，就可以通灵，能够使唤风雨。从悬圃山再上高一倍，就上到天山了，能够上到天上，就是神仙了，这就是所说的天帝所居之处了。扶桑在东方的阳州，是日出的地方。建木在南方的都广山，是众天帝上天下地的地方，太阳正中的时候，因为直在人上，所以没有影子，呼叫的时候没有响应，因为是天地的正中央的关系。若木在建木西方，它的末端有十个太阳，光照在地面上。

【点评】

这里所记载的神泉和灵地，都是修道的人所向往的地方和物品。神泉可以和百药而润万物。至于灵地，由昆仑而上凉风山就可以不死，由凉风山而上悬圃山就可以通灵，由悬圃山而登天就可以成神仙，充分地说明了神仙道家的神秘。

十、九州之外的八殥八泽

九州的大边缘，方一千里。九州以外还有八殥（yín），亦是方一千里。从东北方开始，有两个泽，一个叫作大泽，一个叫作无通。东方有两个泽，一个叫大渚，一个叫少海。东南方有两个泽，一个叫具区，一个叫元泽。南方有两个泽，一个叫大梦，一个叫浩泽。西南方有两个泽，一个叫渚资，一个叫丹泽。西方有两个泽，一个叫九区，一个叫泉泽。西北方有两个泽，一个叫大夏，一个叫海泽。北方有两个泽，一个叫大冥，一个叫寒泽。共计八殥八泽，八泽的云，可以使九州致雨。

【点评】

殥是远的意思，八殥是指九州外八方的远处。八殥为八，而八泽实际上所说的为十六泽。并说明这些泽是致雨根源。

十一、八殥之外的八纮

在八殥的外面，还有八纮（hóng），也是方一千里。自东北方开始，一个叫作和丘，一个叫作荒土。在东方的，一个叫作棘林，一个叫作桑野。在东南方的，一个叫作大穷，一个叫作众女。在南方的，一个叫作都广，一个叫作反户。在西南方的，一个叫作焦侥，一个叫作炎土。在西方的，一个叫作金丘，一个叫作沃野。在西北方的，一个叫作一目，一个叫作沙所。在北方的，一个叫作积冰，一个叫作委羽。凡是八纮的气，可以生寒暑，来配合八风，这样一定能够有风雨。

【点评】

这是说明在九州八殥的外面，还有八纮。纮是维的意思，等于说是支持天的八根柱子。但是八纮的气，可以生风雨。

十二、八纮之外有八极

在八纮的外面，还有八极。从东北方开始，叫作方土之山，木主青色，所以叫作苍门。在东方的叫东极之山，因为是日出的地方，所以叫作开明之门。在东南方的，它叫作波母之山，因为纯阳用事，所以叫作阳门。在南方的，它叫作南极之山，因为南方是盛阳积温所在，所以叫作暑门。在西南方的，它叫作编驹之山，因为西南为金气之始色白，所以叫作白门。在西方的，它叫作西极之山，因为在八月之时大聚万物而闭之，所以叫作阊阖之门。在西北方的，它叫作不周之山，因为北方玄冥将始用事顺阴而聚，所以叫作幽都之门。在北方的，它叫作北极之山，因为是积寒所在，所以叫作寒门。凡是八极的云，可使天下致雨。而八门的风，又可以调节寒暑。八纮、八殥、八泽的云气，可以使九州岛岛下雨，而调中土。

【点评】

这是说明八门的风，可以调节寒暑之气。而八纮、八殥、八泽的云，可以使九州下雨，而调和中土。这种说法和现在的气象学很相近。

十三、各方的产物

东方产物美好的，有医毋闾山的珣玗琪最为著名。东南方产物美好的，有会稽山的竹箭最为著名。南方产物美好的，有梁山的犀角象牙最为著名。西南方产物美好的，有华山的金石最为著名。西方产物美好的，有霍山所产的珠玉最为著名。西北方产物美好的，有昆仑山的球琳、琅玕最为著名。北方产物美好的，有幽都的筋角最为著名。东北方产物美好的，有斥山的文皮最为著

145

名。中央产物美好的，有岱岳所生产的五谷桑麻鱼盐最为著名。

【点评】

这是说明各方的产物，因地区的不同，所以产物也就各异了。

十四、各地生物养物的不同

凡地形东西横的称为纬，南北纵的称为经。山主仁，生万物，所以称山为积德；水主智，有制断，所以称水为积刑。高的地方为阳，所以主生；低的地方为阴，所以主死。丘陵高敞为阳，所以为牡；溪谷低下为阴，所以为牝（pìn）。水圆折的地方产珠，方折的地方产玉。清水的地方出黄金，龙游的地方出玉英。土地各以它的类别不同，所生的人也不同。所以山气生的男人多，泽气生的女人多，障气生的人多为哑巴，风气生的人多为聋子，林气生的人多疲病，木气生的人多驼背，岸下气生的人多肿，石气生的人力气大，险阻生的人多瘿结，暑气生的人多夭折，寒气生的人多长寿，谷气生的人多麻痹，丘气生的人多胫曲，衍气生的人多仁爱，陵气生的人多贪欲。轻土生的人多疾速，重土生的人多迟缓。清水的声音小，浊水的声音大。湍急的水人显得轻，缓慢的水人显得重。中土多有通达的圣人，都可以从它的气显现出来，都能够和它的同类相应。所以南方生有不死的草，北方结有不解的冰，东方有出君子的国家，西方有遭形残的尸体。寝寐居住的地方直梦人死变成了鬼。磁石向上飞，云母降下水，土龙

146

可以致雨，燕和雁更换代飞。蛤蜊、螃蟹、蚌珠、乌龟，随着月亮而盛衰。所以坚土地方的人性刚强，软土地方的人体肥胖，垆土地方的人体形大，沙土地方的人体小，息土地方的人美丽，耗（hào）土地方的人丑陋。吃水的动物善于游泳而能够耐寒冷。吃土的动物没有心脏而表现很聪明。吃木的动物力气很大而烦肠黄理。吃草的动物善于奔跑而非常愚笨。吃树叶的动物会吐丝而能够变成蛾。吃肉的动物勇敢而且强悍，吃空气的动物能够达到神明而且长寿，仙人就是这样。吃五谷的人类有智慧聪明高而寿命不会很长。不吃东西的能够不死而神奇。

【点评】

这是就纵横高低而分阴阳牝牡的。又因为水势的圆转方折及清浊而各有所生之物。人因为受土地和气的影响，也各不相同。这里面特别的地方，就是有物理学的知识出现和动物特性的记载。如磁石飞上天，云母降下水之类都具有物理性。又如吃木的动物如何，吃草的动物如何，吃树叶的动物如何，这些都是动物学的知识。至于说吃空气的动物能够神明而长寿，不吃东西的能够不死而神奇，那就又表现了神仙之味了。

十五、人民禽兽的生期

凡是人民禽兽万物小虫等，都各有他们的生命周期。或是单独的，或是成对的，或是会飞的，或是会走的，实在太多了，所以没有办法知道真正的实情。只有智慧高而能够通于大道的，可以用原本的天一、地二、人三的道理，而衍生万物。因为天、地、人合而为三，三三相乘而得九，九九相乘而为八十一。一主日为阳，日数有十个。因为日主人，所以人须要十个月才能出生。八九相乘而为七十二。二主偶为阴，偶数承奇数，奇主辰，辰主月，月主马，所以马须要十二个月才能出生。七九相乘而为六十三，三主斗，斗主犬，所以犬须要三个月才能出生。六九相乘而为五十四，四主时，时主彘，所以彘须要四个月才能出生。五九相乘而为四十五，五主音，音主猿，所以猿须要五个月才能出生。四九相乘而为三十六，六主律，律主麋鹿，所以麋鹿须要六个月才能出生。三九相乘而为二十七，七主星，星主虎，所以虎须要七个月才能出生。二九相乘而为十八，八主风，风主虫，所以虫须要八个月才能孵化。鸟和鱼都生于阴而属于阳，所以鸟和鱼都是卵生，鱼游在水里，鸟飞在云中。所以立冬燕雀入海变成蛤。

【点评】

这里所说的人和动物的生命周期，虽然据于阴阳五行的说法，显得非常玄妙。但是就事实来说，又都不差。如人十月而生，马十二月而生，犬三月而生，彘四月而生，猿五月而生，麋鹿六月而生，虎七月而生，虫八月孵化。这些说法，恐怕是就实际已知的经验，而附会上去阴阳五行的学说而造成的一套理论。至于说立冬燕雀入海变成蛤，那就不尽为事实了。

十六、万物生而异类

世界上的万物，生来就各不相同。蚕吃桑叶而不喝水，蝉喝露水而不吃东西，至于蜉蝣不吃东西也不喝水。介类和鳞类的动物，夏天吃东西，到了冬天就蛰伏冬眠。咬物而吞吃的动物像鱼鸟，身上有八个孔窍而且是卵生的。咀嚼而用喉下咽的动物，身上有九个孔窍而且是胎生的。四只脚的动物没有羽翼翅膀，头上生角的动物没有上牙齿。没有角的动物像熊猿肥从前面开始，有角的动物像牛羊肥从后面开始。白天出生的像父亲，夜晚出生的像母亲。至阴所生的一定为牝，至阳所生的一定为牡。像熊罴（pí）是喜蛰伏隐藏的，而飞鸟则是喜移动飞翔。白水生美玉，黑水产皂石，青水有碧玉，赤水出丹砂，黄水产黄金，清水出灵龟。汾水混浊宜于产麻，济水通和宜于种麦，河水中浊宜于种豆，雒水轻利宜于种禾，渭水的力量大宜于种黍，汉水重安宜于种竹，江水肥仁宜于种稻。平原土地上的人聪明而宜于种五谷。

【点评】

这是就动物的特性而加以说明的。首先说明蚕、蝉、蜉蝣、介鳞等的食性不同和食物不同。其次说明鱼鸟身有八窍，八窍的动物为卵生。兽类身有九窍，九窍的动物为胎生。头上生角的动物无上齿。这些都是实际的经验所获得的结论。至于五谷所生，依地而宜，就又和土质气候等有关了。

十七、四方中央之人

东方是河川山谷注入的地方，是太阳和月亮所出的地方。那里的人直体小头，高鼻大口，鸢肩企行，孔窍通于眼睛，筋气属于此，苍青的颜色，主于肝脏，高大早有知识，但是不长寿。这个地方适合种麦，多产虎豹那样的猛兽。南方是阳气所积的地方，暑热湿气重的地方。那里的人长体直上，大嘴巴大眼睛。孔窍通于耳朵，血脉属于此，赤红的颜色，主于心脏，早日成壮丁，但是会夭亡。这个地方适合种稻，多产兕（sì）象那样的大兽。西方是高山河流深谷所出的地方，也是太阳和月亮所入的地方。那里的人佝偻着脊背，长长的脖子，昂首而行，孔窍通于鼻子，皮革属于此，白白的颜色，主于肺脏，勇敢不怕死，但是不仁爱。这个地方适合种黍，多产旄牛犀牛那样的动物。北方是幽暗不明的地方，也是天要关闭的时候，是寒水所积聚的地方，是蛰虫所伏藏的地方，这里的人收敛着形体，短短的脖子，大大的肩膀，低低的屁股，孔窍通于阴，骨干属于此。黑的颜色，主于肾部。这里的人蠢笨愚鲁，但是寿命很长。这里适合种豆子，多狗马等动物。中央可以达到四方，风气开通，是雨露所积的地方。这里的人，大大的脸，短短的颐，漂亮的胡子，他们讨厌肥胖，孔窍通于嘴巴，肤肉属于此。黄的颜色，主于胃部，聪明通达而喜欢办理事情。这里适合种禾，多产牛羊六畜等动物。

【点评】

这是说明四方和中央五部分人的形体和特性，以及当地的农作和牲畜。

十八、五行相胜

木能够胜土，土能够胜水，水能够胜火，火能够胜金，金能够胜木。所以禾类春天生秋天死；菽类夏天生冬天死；麦类秋天生夏天死；荠类冬天生中夏死。木壮的时候，水衰老，火开始生，金被关闭，土就死亡；火壮的时候，木衰老，土开始生，水被关闭，金就死亡；土壮的时候，火衰老，金开始生，木被关闭，水就死亡；金壮的时候，土衰老，水开始生，火被关闭，木就死亡；水壮的时候，金衰老，木开始生，土被关闭，火就死亡。音有宫、商、角、徵、羽五种不同的声，以宫为五音之主；色有黄、白、黑、青、赤五种不同的颜色，以黄为五色之主；味有甘、辛、酸、咸、苦五种不同的变化，以甘为五味之主；位有金、木、水、火、土五材，以土为五材之主。所以治土生木，治木生火，治火生云，治云生水，治水恢复为土。治甘生酸，治酸生辛，治辛生苦，治苦生咸，治咸恢复甘。变宫而生徵声，变徵而生商声，变商而生羽声，变羽而生角声，变角而生宫声。所以用水和土，用土和火，用火化金，用金治木，木又恢复成土。五行相治生物而成为器用。

【点评】

五行相胜，也称为五行相克。这是根据五行相胜的理论（另有五行相生的理论），说明五音、五色、五味、五位相胜的关系。这是阴阳家的学说。

十九、海外的三十六国

从海外算起，海外共计三十六国。从西北方到西南方，这个地区里有修股民、天民、肃慎民、白民、沃民、女子民、丈夫民、奇股民、一臂民、三身民。从西南方到东南方，这个地区里有结胸民、羽民、讙（huān）头国民、裸国民、三苗民、交股民、不死民、穿胸民、反舌民、豕喙民、凿齿民、三头民、修臂民。从东南方到东北方，这个地区里有大人国、君子国、黑齿民、玄股民、毛民、劳民。从东北方到西北方，这个地方有跂踵民、句婴民、深目民、无肠民、柔利民、一目民、无继民。除以上的三十六国以外，雒棠、武人在西陬。鲽鱼在它的南方，有神二人，臂连在一起为帝君做候夜。在它的西南方，三珠树在它的东北方，有玉树生在赤水的上面。昆仑、华丘在它的东南方，那里有美玉。那里的人不会说话，这里是杨桃、甘楂、甘华、百果所生的地方。和丘在它的东北隅。三桑、无枝在它的西方，夸父、耽耳在它的北方。夸父把他的马鞭丢掉，变成了邓林。昆吾丘在它的南方，轩辕丘在它的西方，巫咸在它的北方。立登保之山旸谷、榑（fú）桑在它的东方。有娥国在不周山的北方，长女名叫简翟，次女名叫建疵。西王母的石室，在流沙的边缘上。乐民、挲间在昆仑弱水的河洲上。三危山在乐民的西方。宵明、烛光在河洲上，烛光所照的地方，方千一里。龙门在河渊的地方，湍池在昆仑山上，玄耀河在不周山上。申池在海边，孟诸泽在沛郡。少室山和太室山在嵩高山上，别名叫作冀州。烛龙在雁门的北边。至于委羽山，更是见不到太阳，那里的神是人面龙身但是没有脚。后稷冢在建木山的西方，那里的人死了以后，会复活回来，或者变为鱼。流黄、沃民在它的北方三百里，狗国在它的东边。雷泽的地方有神，是龙身人头，鼓着肚子游戏。

【点评】

这是说明海外有三十六国，这三十六国，分布在八方的远处。只是古代的传说，现在已没有办法考证了。除了三十六国之外，又有很多的地方，那更属于神话传说了。

二十、河流的发源地

长江从岷山向东流，经过汉水流入了大海，入海后左转北流流入东海的开母山，右转东流到了东极。黄河的源头出于积石山。雒水的源头出于荆山。淮水的源头出于桐柏山。睢水的源头出于羽山。清漳的源头出于褐（jié）戾山，浊漳的源头出于发包山。济水的源头出于王屋山，时水、泗水、沂水的源头出于臺山、台山、术山三山之间。洛水的源头出于猎山。汶水的源头出于弗其山的西边，和济水合流在一起。汉水的源头出于嶓冢山。泾水的源头出于薄落山。渭水的源头出于鸟鼠同穴山。伊水的源头出于上魏山。雒水的源头出于熊耳山。浚水的源头出于华窍山。潍水的源头出于覆舟山。汾水的源头出于管涔山。衽水的源头出于溃（fén）熊山。淄水的源头出于目饴山。丹水的源头出于高褚山（又名冢岭山）。股水的源头出于嶕山。镐水的源头出于鲜于山。

凉水的源头出于茅卢和石梁两山。汝水的源头出于猛山。淇水的源头出于大号山。晋水的源头出于龙山。结绐合水的源头出于封羊山。辽水的源头出于砥石山。釜水的源头出于景山。岐水的源头出于石桥山。呼沱河的源头出于鲁平山。泥涂渊的源头出于橉（mán）山。向北方塞外流的维灅（lěi）河的源头出于燕山。

【点评】

这是对河流发源地的记载，这个记载，就古代的地理学来说，是非常重要的。因为这些记载就今天的眼光来看，有些还是很正确的。

二十一、八风所生的神明

诸稽摄提那位天神，为艮方的条风所生。通视那位天神为震方的明庶风所生。赤奋若那位天神，为巽方的清明风所生。共工那位天神，为离方的景风所生。诸比那位天神，为坤方凉风所生。皋稽那位天神，为兑方的阊阖风所生。隅强那位天神，为乾方的不周风所生。穷奇那位天神，为坎方的广莫风所生。

【点评】

这是说明八风所生的神明。这些神明，都是属于神话性质的传说。但是他们所处的位置，却是八卦的方位，这和易的卦位又有关系了。

二十二、人的来源

窊为人的起源，然后生了海人，海人生了若菌，若菌生了圣人，圣人生庶人。凡是窊都生于庶人。

【点评】

这是说明人是由窊而来的。俞樾认为窊字为肱（bó）字之误。这也是古代的传说。人是如何而来的，其实很难肯定，这只是古代的传说而已。

二十三、羽族的来源

羽嘉为羽族的祖先，羽嘉生了飞龙，飞龙生了凤凰，凤凰生了鸾鸟，鸾鸟生了庶鸟。凡是羽族皆生于庶鸟。

【点评】

这是说明羽族的来源。

二十四、毛族的来源

毛犊为毛族的祖先，毛犊生了应龙，应龙生了建马，建马生了麒麟，麒麟生庶兽。凡是毛族皆生于庶兽。

这是说明毛族的来源。

二十五、鳞族的来源

鳞族的祖先是介鳞，介鳞生了蛟龙，蛟龙生了鲲鲠（kūn gěng），鲲鲠生了建邪，建邪生了庶鱼。凡是鳞族皆生于庶鱼。

【点评】

这是说明鳞族的来源。

二十六、介族的来源

介潭为龟族的祖先，介潭生了先龙，先龙生了玄鼋（yuán），玄鼋生了灵龟，灵龟生庶龟。凡是介族皆生于庶龟。

【点评】

这是说明介族的来源。

二十七、五类杂种的来源

暖湿当风干燥而生容，暖湿生于毛风，毛风生于湿玄，湿玄生羽风，羽风生㬉（nuǎn）介，㬉介生鳞薄，鳞薄生暖介。这五种不同的族类，依类生成，各像它本族类的形象而繁生日多。

【点评】

这是说明五类杂种的来源。

二十八、树木的来源

日冯是树木的原生物。日冯生了阳阓，阳阓生了乔如，乔如生了干木，干木生了庶木。凡是木类皆生于庶木。

【点评】

这是说明树木的来源。

二十九、草类的来源

根拔是草类的原生物。根拔生了程若，程若生了玄玉，玄玉生了醴泉，醴泉生了皇辜，皇辜生了庶草。凡是根生的草类皆生于庶草。

【点评】

这是说明根生草类的来源。

三十、浮生草类的来源

海闾是浮生草类的祖先，海闾生了屈龙，屈龙生了容华，容华生了薸（biāo），薸生了萍藻，萍藻生了浮草。凡是浮在水面而无根的草类皆生于萍藻。

【点评】

这是说明浮生无根草类的来源。

三十一、五方土气的形成和作用

正土之气就是中央的土气，中央土气向上叫作埃央中天，也就是正土之气治埃天。埃天五百年变化生缺，缺五百年变化生黄埃，黄埃五百年变化生黄澒（gǒng），黄澒五百年变化生黄金，黄金经过千年变化生黄龙，黄龙入藏在地下生黄泉，黄泉往上冒到了埃上变化成了黄云。阴阳二气互相迫激，就产生了电，响声就成了雷，在上的向下，流水流向低处，最后都会注在黄海里。偏土之气就是东方的土气，偏土之气所治的是清天，清天八百年生青曾，青曾八百年生青濆，青濆八百年生青金，青金八百年生青龙，青龙入藏在地下生青泉，青泉向上冒到了埃上变化成了青云，阴阳二气互相迫激，就产生了电，响声就成了雷，在上的向下，流水流向低处，最后都会注入东方之海。壮土之气就是南方的土气，壮土之气所治的是赤天，赤天七百年生赤丹，赤丹七百年生赤濆，赤濆七百年生赤金，赤金经千年变化生赤龙，赤龙入藏于地下生赤泉，赤泉往上冒到了埃上变化为赤云，阴阳二气互相迫激，就产生了电，响声就成了雷，在上的向下，流水流向低处，最后都会注入南海里。弱土之气就是西方的土气，弱土之气所治的是白天，白天九百年生白礜，白礜九百年生白濆，白濆九百年生白金，白金经千年的变化生白龙，白龙入藏于地下生白泉，白泉往上冒到埃上变化为白云，阴阳二气互相迫激，就产生了电，响声就成了雷，在上的向下，流水流向低处，最后都会注入西方的白海里。牝土之气就是北方的土气，牝土之气所治的是玄天，玄天六百年生玄砥，玄砥六百年生玄濆，玄濆六百年生玄金，玄金经千年的变化生玄龙，玄龙入藏于地下生玄泉，玄泉往上冒到了埃上变化为玄云，阴阳二气互相迫激，就产生了电，响声就成了雷，在上的向下，流水流向低处，最后都会注入北方的玄海。

【点评】

这是就五方土气的形成和作用而言。这完全是根据阴阳五行的说法而来的。里面包含了东、西、南、北、中央五个方位，也包含了青、白、赤、黑、黄五种颜色。更暗含了五方之帝。这种说法，在先秦的阴阳家，还没有完成。到了汉代，才逐渐完成的。

卷第五　时则训

一、正月

　　孟春的正月，这时候北斗星的斗柄所指星辰为寅。黄昏的时候，参星在南方的正中。平明的时候，尾星在南方的正中。它的位置是太皞之神所治的东方，春日属木，所以天干用甲乙。木王于东方，所以盛德在木。春天的动物以鳞为主。所用的音，以角音为主。在十二律中，这个月应于太蔟。在数而言，这个月的数是土五加木三为八。木的味道属酸，臭味是膻。祭祀以户为主，祭品以脾脏为首。东风吹起，冰冻消解；蛰伏在洞穴里的虫类，开始活动复苏。鱼向上游背脊接近冰面。吃鱼的水獭把鲤鱼抓上河边排起来，好像祭祀一样。属于候鸟的鸿雁，因为气暖而飞向北方来了。天子穿青色的衣服，乘骑苍色的马，佩戴青色的玉，打青色的旗帜，吃的东西以麦和羊为主，喝八方风所吹来的露水，用萁木燃火来煮东西。居住在东宫，御幸妇女用青色，穿着青采的衣服，鼓琴瑟为乐。春天用的器为矛。养的牲畜为羊。天子坐在明堂东边青阳的地方朝见群臣，并发布春天的政令，布阳德施柔惠，行善的赏赐，省减徭役，减轻赋敛。立春的那一天，天子亲自率领三公、九卿、大夫到东郊去举行迎春之礼。把坛场屏摄的位置修整清理干净，用圭璧祷祭鬼神以求福祥，祭祀山林川泽的牺牲要用牡的。禁止斫伐树木，不可以捣翻鸟巢，不可杀怀胎的兽类和幼小的动物。不可以捕杀小的幼鹿，不可掏取鸟卵。不可以聚合群众，不可以设置城郭。暴露在外的骨骼腐尸，都掩埋起来。正月如果行夏季的政令，就会有风雨不按时序的灾害，草木都会提前凋落，国内会发生恐慌怕人的灾祸。正月如果行秋季的政令，就会有民众产生大瘟疫的灾害，旋风和暴雨都一起来，黎莠蓬蒿害苗的草就会一起生长。正月如果行冬季的政令，就会有水潦的灾害，会有霜害和大冰雹，第一次播种的禾稼不能够成熟。正月的官为司空，种的树以杨柳为主。

【点评】

这是春季正月所行的政事。

二、二月

仲春的二月，这时候北斗星的斗柄所指的星辰为卯。黄昏的时候，弧星在南方的正中，平明的时候，建星在南方的正中。它的位置是太皞之神所治的东方，春日属木，所以天干用甲乙。春天的动物以鳞为主。所用的音，以角音为主。在十二律中，这个月应于夹钟。在数而言，这个月的数是土五加木三为八。木的味道属酸，臭味是膻。祭祀以户为主，祭品以脾脏为首。开始降落雨水，桃树和李树开始开花，黄鹂鸟开始会叫，鹰鸟变为布谷。天子穿着青色的衣服，乘着苍色的马，佩戴苍色的玉，打苍色的旗帜。吃的东西以麦和羊为主，喝八方风所吹来的露水，用其木燃火来煮东西。居住在东宫，御幸妇女用青色，穿着青采的衣服，鼓琴瑟为乐，春天用的兵器为矛，养的牲畜为羊。天子坐在太庙东向堂的中央青阳的地方，朝见群臣。命令有司的官员，去省视监狱，把犯罪轻微的人赦免，不可笞打犯罪的人，禁止大家争执而发生讼狱。长养幼小的儿童，存向没有父亲的孤儿和没有儿子的老人，使曲压在土里的植物萌芽。选择善日，布令于民社。这个月日夜时间等长，雷开始发声音，蛰伏的虫类全部开始活动苏醒。在没有发雷的前三天，先摇动着木舌的铃，警告天下的万民说：快要打雷了，有私生活不检点的人，生下来的孩子会变成畸形，而大人也会遭到灾殃。使官市统一度、量、衡。校正秤锤和概平斗斛的器具。不可以放干河川湖泊的水，不可以用渔网在陂池里捞鱼，不可以用火焚烧山林，亦不可以在这个时候发动战争征伐，而妨碍了农民的耕作。这个月祭祀都不用牺牲，改用圭璧和皮币来代替。二月如果行秋季的政令，他的国家就会发生大水灾，寒冷之气全部逼过来，而且有敌寇侵犯他的国家。二月行冬季的政令，阳气就挡不住寒气，麦子不能成熟，引起饥荒，百姓多会互相残杀。二月行夏季的政令，他的国家就会发生大旱，暑热之气就会早来，虫螟就会为害农作物。二月的官为仓，种的树以杏树为主。

【点评】

这是春季二月所行的政事。

蕴着阴阳之气，变化生成了万物，同时造成了各种形类，长短屈散，入于不可度测的深境。终而复始，虚而再满，互相转化而归于没有穷极的本源。

【点评】

阴阳二气是循环转化没有穷尽的，和自然界的日夜、四时循环是一样的，而且永远不会停止。

十七、四时合序各不相失

四时的节序，春天是萌生，夏天是成长，秋天是收获，冬天是储藏。取用和给予，都有一定的节制，付出和收入都有一定的数量。开闭张合，都不失掉次序，喜欢和愤怒，刚强和柔弱，都不会不合道理。

【点评】

自然界的秩序，是有条不紊的。所以人应该法自然，合信约，依时作为，自然可以行无所失了。

十八、六律可以治境内

六律所主的是生和杀，赏赐和惩罚，布施和收取，除了用六律之外，没有别的方法。所以，要谨慎权衡使它公平，准绳要合法而直，详审于轻重，就足以治理他的境内了。

【点评】

生杀和赏罚，必须合道。用现在的话说，就是合律。一切都能合律，自然可以治境内了。

十九、体得其宜可以服人心

所以能够效法太一的，就能够明白天地的情况，通达道德的条理，聪明和日月同光，精神和万物相通，动静和阴阳相调，喜怒与四时相和，道德恩泽延于远方，美名声誉后世皆闻。效法阴阳的，德可以和天地相参，明可以和日月相并，精神可以和鬼神相合，顶天立地，抱正守直。就内而言，可以治身立世，就外来说，可以得人欢心，发布号令，天下的人民，没有不随着号令而从化。效法四时的，柔软而不会断绝，坚刚而不会挫折，宽舒而不缓慢，紧急而不违正。宽舒而顺乎自然，来畜养万物。他的大德，可以包含愚昧，容纳不肖，而且没有一毫的偏爱。以六律为法则的，讨伐叛乱，禁止暴力，进用贤人，退除不好的人，担任拨乱反正的工作，负起化险为夷的责任，拿出正曲为直的精神，明白禁止舍弃、开放关闭的道理，乘着时代，顺着形势，来服使人心，天下人的心，就没有不服的了。

悲切的天性。儒者和墨者，不能够了解人情终始的本性，而专门要实行和性情相反的制度，遵守三年、期年、九月、五月、三月的五服。其实人的悲哀要合于情，葬埋要和养亲相等。不要勉强人所不能做到的事，也不要断绝人所不能自己停止的事。凡事的长短大小，不失掉它的合理性，诽谤和赞誉也就不会产生了。

【点评】

礼俗要合乎自然，丧期过长，流于形式；全无丧期，有失人情。因此，悲哀合乎情性，则悲哀当而情真，真情流露，而相合于礼俗，则诽谤和赞誉自然不会产生了。

十六、侈奢宜合度

古代的时候，并不是不知道增减升降上下前进后退的礼节，也不是不知道《采齐》、《肆夏》的音乐和舞蹈。因为这样的礼乐，浪费时间，烦劳百姓，而没有任何的用处。所以制礼足以佐实让大家明白礼的宗旨而已。古代的时候，并不是不能够陈列钟鼓、盛张管箫之乐，也不是不会跳举干戚和奋羽毛的舞蹈，因为这样的乐舞，浪费钱财，扰乱政事。所以制乐能够让大家共同欢乐来宣泄郁抑的心意而已。古代的时候，并不是不能够竭尽国力费尽民力，把府库用空把钱财用光，口内含珠，身下藉玉，以絮为组，节缚于身，来追送死去的人。因为这样做，使百姓贫穷而失去工作，反而对死去的人的枯骨腐肉没有益处。所以，葬埋能够收敛尸体，盖藏棺木就行了。从前大舜死了，葬在苍梧的时候，市面上的买卖都没有停止；夏禹死了，葬在会稽山的时候，农人在田里照常耕作。明白了生死的定分，就能通达奢侈和俭省怎样才算适合的方法了。

【点评】

音乐、舞蹈，旨在宣泄抑郁。但是，不可以浪费金钱和时间。埋葬送死，旨在表示哀戚纪念，而不在过分的花费，以遏民财。古时，舜死不罢市，禹死不废耕，就充分地证明，侈俭必须合度，以安天下之民。

十七、礼烦乐淫是以圣人不用礼乐

混乱的国家就不是这样了，他们的说法和做法相反，实情和外表不同，礼的节文假而烦多，乐的柔靡逸而过分，重死而害活着的人，久居丧礼而求美行，所以，世上的风俗一天比一天混浊，而朝廷上的诽谤和赞誉也天天产生。这就是圣人废除礼乐而不用的原因。

【点评】

因为礼烦乐靡，重死轻生，所以使世俗混浊，毁誉日生。如果没有这些礼乐，就不会产生这些问题。所以道家的圣人主张废除礼乐而不用。

得道的人，做任何事情，都能够得心应手。因为他可以心和手应，手与意合。这就是知道方法和不知道方法的工匠的最大差别。

二十一、当时者贵已用则贱

世上明于事的人，大多数都离开了道德的根本。他们认为礼义就可以治理天下了。这些人是不可以和他们谈道术的。因为他们所说的礼义，只不过是五帝三王的法典和图籍，风气和习俗一代的事迹而已，并不能代表他们的全部。就像束刍做成的狗，和用土做成的龙一样，当刚做成的时候，画上青黄的颜色，系以绮绣，缠上红丝，尸祝穿着纯服和墨斋衣，大夫戴着冠，来送迎刍狗和土龙。等到刍狗和土龙用过了以后，土龙变成了土壤，刍狗变成了草芥，就一点价值也没有了，还有谁来宝贵它呢？

【点评】

刍狗、土龙，用时甚为尊贵，用过之后，成为土芥。推之于自然推之于人，莫不如此。所谓"明日黄花，过时之物"，当用的时候，人人爱之，用过之后，人人弃之。知道了这个道理，就可以了解不用的宝贵了。

二十二、圣人因应时变而行恰当的措施

当虞舜的时候，有苗不服于虞舜，于是大舜就修明政治，停止战争，执干戚而跳舞。夏禹的时候，天下到处都是大雨，夏禹就使百姓们把土堆在一起，把薪柴积在一块，选择高处的丘陵来居住。武王伐纣，用车子载着文王的尸而行，因为天下还没有平定，所以不守三年的丧礼是从武王开始的。夏禹遭到洪水的祸患，治水蓄池，所以早晨死了，晚上就埋葬。这些都是圣人因应时代的需要，配合变化的要求，见到实际的情况而行恰当的措施的。

【点评】

凡事不可泥古，应当因事制宜，才能事事恰当。像以上所举的圣王，都是因应不同的时代和环境，而行的各种措施。如果泥古而不化，不因时而变，就不能成大功，不能立大业而称为圣王了。

二十三、不法成法而法所以为法

现在的人修干戚之舞而笑农夫的挖土斫草，只知道守三年之丧而非贬一日之悲，这不是喜欢牛就说马不好，自己喜欢徵音而笑羽声吗？用这样的方法来应付世事的变化，和弹一根弦来合《棘下》之乐的不能成乐有什么区别呢？所以用一世的变化，想要合乎每个时代的变化来应付变时，那就像冬天穿着夏布的衣服而夏天却穿着皮裘一样不合时宜。所以射一百支箭因为远近不同，

不可以用一个标准；一件衣服因为寒暑的不同，不可以一年都穿。标准要合乎高下的需要，衣服要合乎寒暑的不同。世代不同，事情就要跟着变化，时代变迁了，风俗就应该跟着改变。所以圣人论世代的需要如何而立定法度，随着时代的需要而兴办事务。上古的帝王，封于泰山和禅于梁父的，有七十余位圣王，但是他们的法度都不一样，并不是他们专是为了做相反的事，是因为时代和世事都不一样啊！所以后世有见识的人，绝对不效法前人已成的法度，而是要效法前人所以为法的原因。所以为法的原因，才是能够和大化转易的主要力量，能够和大化转易的力量，才是至贵所在。

【点评】

因为成法是固定的，只能切合一时的需要。所以法，是法之意，法之意，可以因时而用，随时变化以适用。

二十四、可贵者不可以随观听形

所以，狐梁的歌是可以随着他学唱的，但是他的歌之所以唱得那么好的原因，不是别人可以做到的；圣人所立的法度是可以看到的，但是他之所以立法度的原因，不是别人可以探究的；辩士们的言论是可以听到的，但是他们之所以那么会说话的原因，不是别人可以形容的；淳均那样锋利的宝剑并不可爱，但是欧冶子铸剑的巧妙技术，却是很可贵的。

知其然易，知其所以然难。其然者，只不过一道而已。所以然者，乃其全也。狐梁之歌，圣人之法，辩士之言，虽可习可见，但是其所以然之原因，则不可习不可见。就像欧冶子之铸剑，得其剑不足为贵，得其法乃为可贵。

二十五、仿其貌者不得其神

现在就王乔和赤松子来说吧！王乔和赤松子吹吐呼吸，把腹内的旧空气吐出来，把新空气吸进去，放弃形体，抛去智慧，抱持素朴，反归真元，游心于玄妙之中，上通于云天之上。现在如果想要学王乔和赤松子的道术，而得不到他们的养气安神的方法，只是模仿他们的吐气吸气和何时诎曲、何时伸张，这样的做法，不能够登云上天，那是很明显的了。

【点评】

这是说明道要得其真，若仅得外形，就不能算得道了。尤其是修道的人，对养气安神的方法，不能深入领会，而仅习其外貌，那是无法达到王乔和赤松子那种境界的。

二十六、失其神得其貌不能治天下

五帝三王，看轻天下，不重万物，齐一死生，同一变化，怀抱着大圣的心怀，来明照万物的情状，上可以和神明做朋友，下可以和造化造人类。现在想要学习五帝三王的大道，但是得不到五帝三王的清明玄圣，而仅只是看守着五帝三王的法籍宪令，这样子只得到了五帝三王的外表所遗留的糟粕，而得不到五帝三王真正的精髓。如此去做，不能够治理天下，那是可以明白的了。

【点评】

后人仅知五帝三王之为圣，而不知其所以为圣。因此，见五帝三王的法籍宪令，就以为是圣人治民之真迹。其实，这不过是圣人偶然合时而用的外表，并不是他们的真迹。外表只不过像糟粕而已，用圣人之糟粕，自然不能治天下了。

二十七、识慧小者不可以论至道

所以，得到十把锋利的宝剑，比不上得到欧冶子的冶剑巧技；得到一百匹千里马，比不上得到伯乐的相马良法。朴的至大，大到没有形状；道的至小，小到没有度量。所以，天是圆的，但是不能用圆规来衡量它；地是方的，但是不能用方矩来测度它。过去的古代，来临的现在，合起来就叫宙，东西南北四方和上下就叫作宇。而道就在宇宙之间，只是不知道它的定处而已。所以，一个人如果见识不宏远，就不可以和他论大道，一个人如果智慧不远大，就不可以和他论至德。

【点评】

懂至道至德的人，重视所以然的根本方法，而不重视其然的结果。因为所以然的根本方法，可以造成无数的结果，而所得到的结果，只是有限的获得而已。识慧小的人，不能深会此意，又不知道德之至要，只见目前，不知宏远，所以不能和他论至道。

二十八、所为虽异得道则一

从前的冯夷因为得道而成为水仙，所以能够潜游大川；钳且因为得道而成为山仙，所以能够升居昆仑；扁鹊因为得道而成为医仙，所以能够替人治病；造父因得道善驭马而成了驭马仙；羿因为得道善射而成了射神；倕因为得道巧于工而成了工匠仙。他们的工作都不一样，他们的得道却全是相同的。

【点评】

得道可以成仙，这是神道家早期的说法。《淮南子》之所以有神仙之气，即在于此。

二十九、法多而道同

凡是得道而通于事理的人，都不会彼此互相批评。就好像同一个陂塘来灌溉田地，田地所得到的水是一样的。现在宰杀了牛而烹调牛肉，或者是烹调为酸味，或者是烹调为甘味，煎、炸、烧、烤，调味的方法不可胜数，但是就根本来说，牛肉只是从一只牛身上切下来的；砍伐梗楠豫樟等树木，而将这些木料加以判解分离，或是做成棺椁，或是作为柱梁，把它解断，顺着木纹分开，做成器具的方法不可胜数，但是就根本而论，只不过是一根原木而已。所以百家的言论说法和陈奏虽然相反，但是它们都合于道却是一体的，就像丝竹金石虽然不同，但是在一起能够合成音乐却是相同的。至于它的曲，虽然各家相异，但是不失它的根本。伯乐、韩风、秦牙、管青他们相马的方法虽然不同，但是他们能够知道千里马却完全是一样的。所以三皇五帝的法籍虽然各不相同，但是他们能够得到民心却是完全一样的。

【点评】

世界上的事，虽然万异万殊，但是归本则一。本就是道。如果了解了这个道理，就可以执道来御万方了。

三十、得中理者不伤器

所以，商汤在夏而行夏法，周武王在殷而行殷礼。夏桀、殷纣他们之所以灭亡，商汤、周武王他们之所以平治天下，各视他们的巧妙运用罢了。所以曲刀、削刀、锯子等摆在那里，没有巧妙的良工，就不能制木成器。炉子、风箱、埵坊、土模都准备好了，没有精于冶金的人，就不能把金属做成器具。齐国的大屠名叫屠牛吐，一个早晨可以分解九只牛，但是他的屠刀锋利得可以截断毛发。齐国的屠伯庖丁，他的屠刀用了十九年，完美得就像新制新磨的一样。这是什么原因呢？因为他们用刀剖切都合乎肌理，所以久用而不损。

【点评】

用器用物，都要顺性而为，才不会有所损伤。做事如果据理而行，也一定顺利而不会有所损伤。

三十一、不传的才是精意

至于规矩钩绳做圆方曲直的工具，这些都是巧具，但是并不是所以巧的本身。所以琴瑟没有弦，就是乐师也不能够成曲，只有弦就不能够悲，所以弦是悲的器具，而不是所以为悲的本体。就像工匠作镮（jī）发相通，独闭则不明而相错。进入空远之妙境，神和到了极点。心手相合，非常从容，这种神境，不能够与事相接，所以父亲都不能传授给儿子；瞽师的逐意来相物，描绘神奇的胜舞，用弦意把它表达出来，这种得意的功夫，就是哥哥也不能传授给弟弟。现在能够作平的为准，能够成直的是绳，至于不在于绳准里面而可以造成平直的，这可以说不是共通的方术。所以敲宫声而宫声应，弹角调而角音动，这是同音彼此相应的啊！至于说和五音不相关联，但是二十五弦全部相应，这就是不传的方法了。

【点评】

凡事有本末内外，而可知的往往为末为外，不可知的是本是内。外末为粗，本内为精。粗可以传，精不可以传。精意所以不可传，是因为它无迹的缘故。

三十二、是非不曲于一隅

所以，深静为形体的主宰，寂寞为声音的主宰。天下的是非没有一定，世上的人，都各是自己认为是的，而非自己认为非的，所说的是和非各不相同，都是以自己为是，而以别人为不是。从以上看来，事情有合于自己的，未必都是对，有反于心的，未必都是不对。所以求是的人，并不是求是的道理，而是求合于自己的要求，去非的人，并不是批评别人的邪曲，而是反对不合自己的心意。因为不合我的心意，未必不合别人的心意，合于我的心意，不一定不被世俗所反对。至是的是，没有非；至非的非，没有是。这才是真的是非。至于说那些在此为是，而在彼为非，或是在此为非，而在彼为是的，这就叫作一是一非。一个是一个非都是一隅的曲见，如果以一个是一个非作为宇宙，而现在我要选择是来居留，选择非来抛弃。这样不知道世之所说的是非，究竟是谁是谁非。

【点评】

是非是相对的，而非绝对的。在彼为是，在我为非。在我为是，在彼为非。在古为是，在今为非；在今为是，在后为非。是是非非，皆由己而定，如此则偏于一隅，而非真的是非了。真的是非，是不曲于一隅。

三十三、一件事情两种看法

晋平公说话不适当，师旷就举琴来击他，琴越过了平公的衣襟而撞上了宫壁，宫壁坏了，左右的人要把坏壁涂饰起来。晋平公说：不用涂了，就用这个作为我有过失的标志吧！孔子听了以后说：晋平公并不是不爱护自己的身体，而是希望借此能够招来直言相谏的人；韩公子非听了以后说：众臣失去礼节而不加以诛罚，这是放纵了有过失的人。晋平公不能够霸诸侯，是有原因的了。

【点评】

晋平公的举措，孔子认为是对的，韩非子认为是错的。一件事有两种看法，就可以证明，是非是由彼此的观点而自定的。同时也因为凡事都有两面，执一而论，往往不能成为全知。

三十四、看法不同结果相异

宓子贱的客人在宓子贱的家里见客人，客人走了。宓子贱说：你的客人乃有三个过错：望着我而笑是傲慢，说话言谈不赞美老师是叛师，交情不够而说深入的话是悖乱。宓子贱的客人说：望着你笑是无私的表现，说话言谈不称美师说是通达的表现，交情不够而能谈深入的话是忠诚的表现。所以，就以上的事情可以看出来，客人的容貌态度同是一种，有的就认为他是君子，有的就认为他是小人。这就是因为自己的看法和别人不同啊！

【点评】

这是说明看法的不同，所做的解释亦各相异。我们由宓子贱和他的客人的观点来看，他们各有各的观点，各有各的主观成分，所以同对一个人，而有不同的结论。

三十五、事本于一而自窥致异

所以，人与人之间趣舍相合的，就说是忠诚而更加亲近。人与人之间互相疏远的，就是设想得很对反而会彼此相疑。亲生的母亲替他的儿子治头上的疮，头疮隆起的部分破了，血流到耳朵上去，看见这种情况的人，都认为这位母亲爱他的儿子爱到了极点。假使这件事发生在继母的身上，过路的人看见，一定以为继母在虐待儿子。事情的实况是一样的，但是看到的人不一样。从城墙上看牛像羊，看羊像猪，是因为所站的地方太高了。照脸在盘水里面就是圆形，照脸在杯水里面就是长形，脸是一样的，是因为自照的不同。

【点评】

　　自己的影像，本是一致的，但是由于镜子的不同，而会产生相异的影像。同样的一个人，所照的镜子不同，而影像亦异。这就说明了，事情本来是一种，由于自己的自窥，反而相异。

三十六、不通于道终身不定

　　所以通于道的就像车轴，不转于本身，而和车毂运转可以远致千里以外，这是因为转动没有穷尽啊！不通于道的就像迷惑的人，告诉他东西南北，像是意思明白了，但是仅守一隅走向狭小邪僻，没有办法马上通晓，所以就又迷惑了。这样才会终身隶属于别人，就好像候风羽毛一般，没有一会儿的时间能够静止下来。所以圣人体道而恢复本朴，以不变待变，以无为待有为，就可以近于免世难了。

【点评】

　　得道的人，可以应用而不穷。就像车轴的运转，连续不停，可以远至于千里之外。如果是不通于道的人，他就终身不定，没有固定的方向，更谈不上远致千里了。所以必须以不变待变，以无为待有为，才能够免世难。

三十七、人尽其才事得其宜

太平治世的职务是容易守住的，事情是容易做到的，礼制是容易实行的，债务是容易清偿的。所以人各一官，官各一事。士、农、工、商所居的地方，各有特定的位置，分别居住。所以，农人和农人谈力田的事，士和士谈行为节操的标准。工人和工人谈制作的技巧，商人和商人谈经营的方法。这样子，读书的士人没有行为上的缺点，力田的农人没有废耕的时间，制作的工人没有难做的工作，经营的商人不会消折了财货。各行各业都能安生，互不干犯。所以伊尹兴建水土工程，长脚的人使他蹋镢取土，强脊背的人使他背土，目不正的人使他看标准，伛偻的人使他涂地面，各有各人所适合做的事，人的才能全部发挥出来了。

【点评】

因材而用，就形使作，这是很合乎自然和科学的。因为人各有所长，亦各有所短。用其所长，舍其所短，则人力的发挥，必更充分。所以人能尽其才，则事事都能得宜。这里所说的士、农、工、商，各研其技，各精其工，乃科学分工的实例。

三十八、治世用常而不用变

北方的胡人善于骑马，南方的越人善于操舟，不同的形体不同的类别。所以事情不但改换而且相反，失去他的地位就低贱，得到势位就尊贵。圣人能够不分异形殊类全部用之，他的方法只有一道啊！有先知远见的人，他的看法远大，这种人才非常崇高，但是治世不求于在下的民众全都如此；见闻广博记忆高强，嘴巴善辩词意巧妙，这种人是有智慧的美才，但是英明的君主，不要求他的属下全部如此。傲慢世人轻于物态，不为世俗所污，这是士人的高行，但是治世不用他来作为改变百姓的标准。

【点评】

治世的风俗，用常态而不用变态。因为治世守常，可以有一定的标准，有了一定的标准，大家才能够有所遵循。治世用常，更可以达到治国安民的目的。

卷第十二　道应训

一、不知道者为精

　　太清问于无穷说：你了解道吗？无穷回答说：我不知道。太清又问于无为说：你了解道吗？无为回答说：我知道什么是道。你知道什么是道，也有方法吗？无为说：我知道什么是道有方法。太清说：你知道的方法是如何呢？无为回答说：我知道"道"它可以弱，它可以强；它可以柔，它可以刚；它可以阴，它可以阳；它可以暗，它可以明；它可以包裹天地，它可以响应对待所有的一切。这就是我所以了解道的方法了。太清又问于无始说：前时我问道于无穷，无穷说：我不知道什么是道。又问于无为，无为说：我知道什么是道。又问他你知道什么是道有方法吗？无为说：我了解道有方法。又问说：你知道的方法如何呢？无为说：我知道它可以弱，它可以强；它可以柔，它可以刚；它可以阴，它可以阳；它可以暗，它可以明；它可以包裹天地，它可以响应对待所有的一切。这就是我所以了解什么是道的方法了。像这样，则无为的知道什么是道，和无穷的不知道什么是道，谁对谁错呢？无始回答说：说不知道的知深，而说知道的知浅；说不知道的知内，而说知道的知外；说不知道的知精，而说知道的知粗。太清听了以后，仰天叹息说：那么不知就是知啊！知就是不知啊！但是，谁知道知是不知呢？谁知道不知是知呢？无始说：道不可闻，可闻就不是道了；道不可见，可见就不是道了；道不可说，可说就不是道了。有谁了解真的形是没有形象的呢？所以老子说：天下的人都知善就是善，这样善反而成不善了。所以真知的人不说，说的人反而不知。

【点评】

老子说："道可道，非常道；名可名，非常名。"凡是可说的道，可名的名，都是粗而外的；而不可道的道，不可名的名，都是精而内的。真知道的人，因为道不可说，所以说不知道。而不知道的人，强为道说，其实辞费而已。因为道以不说为精，说之为粗，所以无始以无穷为深精内，以无为是浅粗外。

二、至言不言

白公问孔子说：人可以微言，孔子知道白公有阴谋，所以不回答。白公说：如果以石头投水中怎么样？孔子回答说：吴、越善于没于水中的人，能够把它取出来。白公说：如果以水投水怎么分别？孔子说：菑水和渑水合在一起，齐国的易牙，尝一尝就知道了。白公说：那么人就不可以和他谈细密的话吗？孔子回答说：怎么说不可以呢？谁是知言的人呢？凡是说他是知言的人，不以言来说明。争鱼的人一定濡湿，追逐野兽的人一定疾赶，这是一定的道理，并不是他们喜欢这样。所以，至言的人，去言而不言；至为的人，去为而无为。凡是浅知的人所争的，是拔末。白公不懂这个道理，所以死在浴室之地。所以老子说：言有宗旨，事有主意，只有无知，所以没有人能够知道我。这就是指的白公啊！

【点评】

白公既有志于楚国，自当以不言。不言之言其意深，言之而言其意浅。无为而为其为大，有为而为其为小。白公不知去言无为之理，所以浅而失也。

三、法令滋彰盗贼多有

惠施替梁惠王制国法，已经完成之后，给许多先辈的先生们看，先生们都称赞他。因此，他奏上了梁惠王，梁惠王非常喜欢他的法，并给翟煎看，翟煎说：好！梁惠王说：好！可以施行吗？翟煎回答说：不可以！梁惠王说：你既然说好，而又说不可施行，这是什么原因呢？翟煎回答：现在搬运大木的人，前面呼叫邪许的声音而助气，后面的人就跟着相应。这是举重劝大家勉力的歌，难道说没有郑、卫高昂的歌曲吗？但是不用郑、卫的音乐，而用邪许之声，那是因为举重的时候，比不上用邪许来得适宜呀！治理国家有节，而不在于文饰巧辩。所以老子说，法令愈多愈彰明，盗贼也愈增加。就是这个道理啊！

事有繁简，当繁者不可简，当简者不可繁。法令在于简明易行。法虽善，烦而扰民，则不如简法易施也。且法有宜不宜之时，也有宜不宜之用。不宜时不宜用之法，虽多无益，宜时宜用之法，虽少增效。这就是老子不欲多法的原因。

四、万事万物皆不及道

齐国的田骈用道术来游说齐王，齐王回应他说：寡人所有的齐国，用道术很难除去祸患。希望能够听听国家的政治。田骈回答说：臣所说的无政，就可以说是为政了。打个比喻来说吧，就像林木没有木材，但是却可以生材。希望王能够详细体察我所说的话。自己取齐国的政就可以了，虽然不能除去它的患害，但是天地之间，六合之内，是可以陶冶变化的。齐国的政治，又有什么值得问的呢？这就是老聃所说的无形状的形状，无物象的物象啊！像王所问的是齐国，田骈所说的是材啊！材比不上林，林比不上雨，雨比不上阴阳，阴阳比不上和气，和气比不上道。

【点评】

道是伟大的，所以万物均不及道，道可以生和气、产阴阳、降雨泽、茂林木、出资材，以供人用。所以无政之政，乃为大政。此亦就道之大用而说。

五、锐必折

白公胜得到了楚国，不能够把府库之财分散给众人。七天之后，白公的同党石乙进去见白公说：府库之财，是由不义而得到，现在又不能够布施分散给大众，祸患一定会产生的。你不能够分给大家，不如就把它烧了吧！不要因为这些东西而使别人害我们。可是白公不听他的劝告。第九天的时候，楚国大夫叶子高，自方城之外进来要杀白公。于是大开府库中的财货，来分给众人，把高库里的武器分给百姓，因而用这些财货武器来攻白公，十九天之后，就擒杀了白公。国家本非他所有的，而想要得到，可以说是最贪心的了。不能够把府库之财分人，又不能够为自己，可以说是最愚笨的了。以白公的吝啬来比方，和枭鸟爱它的幼枭有什么差别呢，因为幼枭长大是要吃掉母枭的呀！所以老子说：要保持满盈，反不如适可而止，要削得尖锐，就不能永保尖锐。

【点评】

持盈的人，要知道保泰。古语说：财散则民聚，财聚则民散。以财分人，则人愿意为他所用。如欲以财自守，恐将祸及于身，若白公就是如此。老子对此再三致意，实在是很有道理的。

六、知雄守雌可以胜天下

赵简子立赵襄子为后，董阏于说：无恤（赵襄子的名字）是庶子，地位微贱。现在立他为继承人，是什么原因呢？简子回答说：无恤为人，能为国家社稷忍受耻辱。过了一些日子，知伯和赵襄子喝酒，知伯批打赵襄子的头。赵襄子的大夫请命杀掉知伯。襄子说：先君立我的时候，说我能够为国家社稷忍受耻辱，岂是说我能够刺杀人吗？相处了十个月，知伯用军队围襄子于晋阳。赵襄子分列军队而痛击知伯，结果把知伯打得大败，将他的头打破作为饮器。所以老子说：知道什么是雄健，而守着雌柔，要做天下最低的溪谷。

【点评】

忍辱才可以负重，守柔才可以克刚。如赵襄子可以说是能够忍辱、守柔的人了。他能够击败骄悍强大的知伯，就是能够了解知雄守雌的道理。

七、神来德附的方法

唐尧时代的老人啮缺向老人被衣问道，被衣说：正你的形体，专一你的视力，天和就会到来。统摄你的智慧，正你的法度，神就会来住你身上，德将会附在你身上。如此美好，道将会为你停留。傻傻的像新生的小牛犊，而不求任何的原因。话还没有说完，啮缺继续熟视他不再说话。被衣一边唱歌一边就走了，他的歌是：形体像枯槁的骸骨，心像熄灭的死灰，直朴而没有知识，以此自守，沉默而宽广，没有心计可以和他共谋，那是什么人啊！所以老子说：明白通达四方，能够不要用知识吗？

【点评】

要想神来德附，唯一的方法，就是能够守静，而且不可用知，如此则可以神来德附了。

八、冲虚必能成功

赵襄子的使者，攻伐翟人而胜利了，并取下翟人的尤人、终人两个城邑。使者来谒见赵襄子，赵襄子正要吃饭，而表现出来有忧愁的脸色。他左右的人说：一天之内两座城池被攻下，这是人人都欢喜的事情，现在你脸上表现出忧色，是什么原因呢？襄子说：江、河虽然广大，不过三天而减，飘雨和暴雨，不终日而结束。现在赵氏的德行一无所积，而今天一朝攻下两城，灭亡恐怕要轮到我身上了。孔子听了以后说：赵氏将要昌盛了啊！因为忧愁就是昌盛的原因啊！欢喜却是灭亡的先兆！胜利并不是难事，而是贤明的君主，以这种态度来处理胜利，所以他的福祉会留给他的后世。齐、楚、吴、越全部都曾胜利过，可是到了最后得到灭亡，那是因为他们都不懂得怎么处理胜利的态度。孔子强而有力，可以引国门之关，但是他不肯以自己有力而让大家知道。墨子做攻守之具，而使公输般佩服，但是墨子不肯以善用兵而让大家知道他。善于保持胜利的，常常以强为弱。所以老子说：道，要从冲虚的方面去运用它，而使它不致满盈。

【点评】

　　志不可满，志满必有所失。赵襄子胜而有忧色，足见他胜而不骄。孔子劲而不以力闻，墨子善守攻而不以兵闻，都是冲虚的表现。古代圣贤所以过人的地方，均在于此，这是我们所宜深思的地方。

九、大勇不言勇

　　惠盎进见宋康王，宋康王蹈足声欬，大声说：寡人所喜欢的，是勇而有力的人，不喜欢专门说行仁义的人。贵将怎么来指教我呢？惠盎回答说：我有这样的本领，人虽然勇敢，刺我刺不进来，虽然巧而有力，打我不能打中。大王对这方面难道没有意思吗？宋康王说：好！这是我所希望听到的。惠盎说：刺而刺不进去，打而打不中，这还是一种耻辱。臣有一种道术在这里，使人虽然有勇不敢刺，虽然有力气而不敢击。有勇不敢刺，有力不敢打，并不是他没有刺打的意思。臣有一种道术在这里，使人根本就没有刺击别人的意思。因为本无刺人击人的意思，所以没有爱利的心。臣有道术在这里，使天下的丈夫女子，无不欣喜地产生爱利之心，这比勇而有力好得多了。凡此四事，皆累于世，而男女没有不欢然为上的。大王对此难道没有意思吗？宋王说：这正是寡人想要得到的。惠盎回答说：孔子、墨翟就是如此的。孔丘和墨翟，没有土地而为君，没有官位而为长。天下的男男女女，没有不伸长着脖子，翘起脚跟，都希望得到安和乐利的。现在大王您是万乘之国的君主，真的有这样的志气，那么国家四境之中，都会得到你的利益了。这胜过孔子、墨翟太多了。宋康王竟然无话可以回答。惠盎退出以后，宋康王和他的左右说：真是好的辩士啊！客人用他的理论胜过了我。所以老子说：勇到了不敢的地步，就可以得活了。由这个地方看起来，大勇反而变成不勇了。

【点评】

勇有大勇、小勇之分，小勇示人以力，大勇示人以无。以力胜人的人，不能服人，以德胜人的人，使人心悦诚服。所以，大勇不见其勇，也就是大勇无勇。若孔丘、墨翟的"无地而为君，无官而为长"，天下之民仰之，才是真的大勇。

十、不必代大匠斫

从前辅佐唐尧的有九人，辅佐虞舜的有七人，辅佐武王的有五人。唐尧、虞舜、周武王对九、七、五人的辅佐者，不能做他们中任何人的工作。但是尧、舜、武王却能够垂拱而治，安享成功，这是因为他们善用别人的才能。所以，使人和骐骥竞走，人胜不了骐骥。但是人托于车上，骐骥就胜不了人。北方有一种兽，它的名叫蹶，前足像鼠，后足像兔，趋的时候会顿跌，走的时候会颠倒。它常常为前足长后足短的蛩蛩駏驉（jù xū），取甘草来给它，因此，蹶有了患害的时候，蛩蛩駏驉一定背负着蹶逃走。

这是用它的所能，来托其所不能。所以，老子说：拙工代替巧匠去斫木头，很少有不斫伤自己的手的。

【点评】

人各有巧，不必相代，代而反变为拙。就像尧、舜、武王一样，辅佐他们的人，都比他们能干，但是尧、舜、武王并不代他们做事，而是任他们做事，就是所说的"托于车上，则骥不能胜人"的道理了。

十一、全大道可以小用

薄疑用王术游说卫嗣君，卫嗣君回答说：我所有的只是千乘之国，愿以此而受教导。薄疑回答说：乌获是位大力士，他可以举千钧之重，又何况是一斤呢？杜赫用完天下的方法，游说周昭文君，文君和杜赫说：我愿意学怎么样能够安周就可以了。杜赫回答说：我所说的话如果不可以用，就不能够安周，我所说的话可以用，那么，周自然也就安了。这就是所说的不安而能安的啊！所以老子说：大制不可分割，所以致数舆反而无舆了。

【点评】

凡事能够得全的，一定可以分用，凡事已经能大用的，一定可以小用。人能举百斤，则一斤之举，必甚容易。能安天下的人，自然可以安国。能行百里的人，则一里之程，当可立至。不必以为求小而大不可以行。

十二、廉不可以破良法

鲁国的法律，鲁国人做人的仆妾于诸侯的，有能够把仆妾赎回来的，可以向公府取钱。子贡把鲁国人从诸侯那里赎回来，而辞谢了官府的钱不受。孔子说：赐啊！你这样做就不对了。因为圣人办事，是可以移风易俗的，而教化顺行，可以施于后世，不仅是适身当时就可以了。现在国家有钱的人少，贫穷的人多，赎人接受钱，就是不廉洁，不接受钱，就没有再赎人的了。自今以后，鲁国人不再有赎人于诸侯的了。孔子也可以说是知礼的了。所以老子说：见小曰明。

【点评】

法是永远的，廉是一时的，不可以一时的廉洁，而破坏了永远的良法。因子贡的一时不受府金，而使鲁人以后不再赎人于诸侯，其失可以说大了。

十三、功成名就遂身退天之道

魏武侯问于李克说：吴国灭亡的原因是什么呢？李克回答说，是因为吴国屡战屡胜。魏武侯说：屡战屡胜，这是国家之福，吴国独因此而亡，这是什么原因呢？李克回答说：屡次作战，百姓就会疲困；屡次战胜，君主就会骄傲。以骄傲的君主，驱使疲困的百姓，而使国家不亡的，天下少有啊！骄傲就会放恣，放恣就会极欲，疲困就会怨恨，怨恨就会极虑，上下俱极，吴国的灭亡可以说太晚了。这就是吴王夫差自杀干遂的原因啊！所以老子说：功成名就以后，就应该身退归隐，这才是自然的道理啊！

【点评】

屡战屡胜，所以亡国者，乃因君骄而民疲。所以道家诫人，持虚而戒满，因为知足才可以不殆。祸莫大于不知足。因为人在功成名遂之后，往往不能自止，结果走向败亡的道路。如果了解了"功成名遂，身退，天之道"的道理，就能够永保其功名。

十四、用长勿求全

宁戚想要求用于齐桓公，因他很穷没有办法见齐桓公。于是他做了商旅，载着车子，到齐国经商，晚上住宿在郭门外。齐桓公到郊外迎接客人，夜开城门，君载于车，火炬很盛，随从的人很多。这时候宁戚正在车下喂牛，望见齐桓公而悲伤，敲击牛角非常快，并唱商声的悲歌。齐桓公听了，抚住他的驾驶的手说：奇怪啊！这个唱歌的人，他不是一位普通的人啊！命令后车把他载回去。桓公回去，随从的人向桓公请示。桓公赐给他衣冠而和他见面。宁戚说桓公为天下的方法，桓公大喜，要重任他。群臣都论这件事说：宁戚是卫国人，卫国离齐国并不远，君不如派人到卫国去查问一下，如果是真的贤者，再用他不晚。桓公说：不可以这样，查问他恐怕他有小的过错，假如因为他的小过错，而忘了他的大美的地方，这就是做人君的失去天下之士的原因了。凡是听信人一定要有征验，一听信之后就不必再问，以合我听知之意。而且人是不能够十全十美的，只能权衡轻重用他的长处罢了。对于这种举用，齐桓公可以说是得道的。所以老子说：天大，地大，道大，王亦大。域中有这四种大，而王处其一，这是说他能够包裹宇内的人才啊！

【点评】

任人当任其长，不可记其小恶，古人所谓"不以寸朽弃连抱之材"，就是这个道理。因为人既不能十全十美，必定会有小恶，如果因小恶而忘大美，那将失去天下之士了，岂不可惜，这是用人者所宜深思的。

十五、重身爱躯可以托天下

太王亶（dǎn）父原居住在邠（bīn）地，翟人攻夺他。太王以皮帛珠玉事翟人，翟人不接受，而且说：翟人所求的是土地，而不是为了财物。太王亶父说：和别人的哥哥居住，而杀他的弟弟，和别人的父亲相处，而杀他的儿子，这种事我是不能做的。你们都勉力住在这里吧！做我的臣子和做翟人的臣子有什么差别呢？而且我听说：不应该以其所养的来害其养。于是就拿着手杖走了。人民接连着跟在他后面，随他而去，于是在岐山之下成立了国家，太王亶父可以说善于保生了。虽然是富贵，但是不以养来伤身；虽然贫贱，但是不以利来累形。现在接受他先人的爵禄，就一定会重失掉它，这件事可以说从来已久了。如果轻轻地把它失掉，其不迷惑吗？所以老子说：能够珍贵身躯为天下的人，才可以把天下托靠给他；能够爱惜身躯为着天下的人，才可以把天下寄付给他。

【点评】

古人有贵身之说，但是贵身不是为了自己，而是为了天下，那么贵身才有价值。唯有贵身、爱身的人，才可以寄托天下。不知道贵身、爱身的人，就不足以寄托天下给他了。

十六、重生轻利以复光明

中山公子牟对詹子说：身在江海之上，心存在魏阙之下，应该怎么办呢？詹子说：重生，因为重生就会轻利。中山公子牟说：虽然知道这个道理，但是还是不能克制自己。詹子说：不能克制自己，就应该放纵自己，纵心意则神不会怨恨。不能够克制自己，而勉强忍欲不加放纵的人，这就叫作重伤。重伤的人，是不能得高寿的。所以老子说：知和叫作常，知常叫作明，益生叫作祥，心使气的叫作强。所以用它的光，是为了要复归它的明啊！

人应该要有克制情欲的能力，如果不能克制情欲，则当率性而为。不然则身伤，身伤就不能全寿了。所以必须重生轻利以复光明，才可以全生而制欲。

十七、身为国之本

楚庄王问詹何：怎样治国家？詹何回答说：我明白治身，而不明白治国家。楚庄王说：寡人得立为主，宗庙和社稷，希望能够守得住。詹何回答说：我没有听说过身治好了而国家乱的，也没有听说过身乱而国家治的。所以，根本在于身，我不敢以枝末的问题来回答你。楚庄王说：好！所以老子说：修养他的身体，他的道德才真实。

【点评】

这是说明，身为国本。本治而末乱的，自古没有发生过。因此，治身就可以治国。

十八、圣人遗书乃其糟粕

齐桓公在堂上读书，轮人在堂下斫轮，放下他的锥子和凿子，而问齐桓公：君主所读的是什么书呀？齐桓公说：我读的是圣人之书。轮扁问道：作书的圣人，现在在什么地方呢？桓公说：已经死了。轮扁说：那么你现在读的书，只不过是圣人所遗留下来的糟粕而已。桓公听了忽然变色而发怒道：寡人读书，做工的人怎么可以随便讥笑呢？现在你给我解释清楚，说不清楚就是死罪。轮扁回答说：是！我有说明。我就用我斫轮的事来告诉你。太快了因为心急就不能斫入，太慢了因为意缓而不能牢固。如果不急不缓，就能够应于手，得于心，而可以达到至妙的境界，到了这种境界，我不能教我的儿子，我的儿子也不能得之于我。所以，我现在行将六十岁了，年老而仍然为轮人。现在圣人所说的话，亦是存了他实际的知能，穷困而死，所遗留下来的，只有糟粕存在了。所以老子说：道如果是可以说的，就不是常道；名如果是可以称的，就不是常名。

【点评】

圣人遗书，为他一时一事的措施，不能代表圣人的全部。因为时代的变易，其精不存，其用已失，不合时代的需要，不就像取酒以后，所留下的糟粕一样吗？

卷第十三　泛论训

一、上古重德轻文

古代的君王，不知道制衣冠，只是包着头，裹着脖子，依然能够王于天下。因为他们的恩德可以给人民谋生，而不加害于百姓；施与百姓，而不向人民夺取。天下的百姓，都不批评非议他们的服装，而都共同感戴他们的恩德。在这个时候，阴阳调和，风雨得时，万物都生长得非常茂盛。鸟巢都筑在很低的树枝上，禽兽可以牵着和人一同走。难道说一定要穿着大袖圆领的衣裳，拖着阔的带子，戴着委貌章甫的冠，才能算得君主吗？

【点评】

土大卜的君主，在于德而不在于文。因为德为质，文为表。质可以泽民而福物，文不足增德而加惠。所以，古人重德而不重文。因为德为本，文为末，得本自然可以舍末。

二、适时为用先王之法可更

古代的时候，人民居住在水草地上或是山洞里面。冬天的时候，受不住霜雪雾露的寒冷；夏天的时候，受不了暑气燠热和蚊虻吸咬。圣人出来之后，替他们筑土架木，建造房子，上面有栋梁，下面有椽子，可以遮蔽风雨，躲避寒暑，天下的百姓都得到了安乐。伯余开始创制衣服的时候，仅只劈开麻皮，搓成麻线，用双手把直线和横线编织起来，这种布做成以后，就像捕鱼的网和捉鸟的罗一样。后代的人，制造了织布机和织布梭，很适合人民的使用，人民因此而能够遮蔽身体，防御寒冷。古代的时候，拿削尖的耜来耕田，用磨薄的蚌壳来耘草，用带钩权的树枝打柴，抱着瓦罐子汲水，人民劳苦而获利菲薄。后代的人，就造成了耒耜耰锄等各种农具，用斧头砍柴，用桔槔汲水，人民可以很安逸地得到许多利益。古代的时候，被大河深谷横断了道路，不能够相互往来，就把整棵的大树干挖空，后来又把木板并在一起，造成了船只，才能够在水面航行。古代的时候，运输各地的货物，互相接济有无，但是只能把货物挑在肩上，驮在背上，穿着皮靴或草鞋，走几千里远的路，辛苦到了极点。因此，后来的人，用木条弯成圆轮，造成车子，把牛马训练得非常驯服，使它们驮着货和拉着车子走，人们才能够不费力地把货物运送到遥远的地方。因为凶猛的禽兽经常害人，没有办法防御，所以就煅炼铜铁，制成了刀枪，才不会再受到凶猛禽兽的伤害。所以，人民如果被困难所逼迫，就会寻求便利的方法；受了祸患的痛苦，就会发明完备的器具。每个人都凭着自己的知识避免祸患，寻找利益，不能够死守着常法和陈规，不能沿用破旧的器具。这样看起来，先王的法度是可以改变的。

【点评】

时代的不同，需要也就不一样。如果墨守成规，不能因时而变，就跟不上时代。所以，这段说明，都是前代如何的不合后代的需要，而后代又如何的因应时代的需要而加以创造发明。这是一种很进步的思想，也是告诉我们应如何去因应世变的一种方法。

三、礼乐制度可因时而变

古代的制度，婚礼举行的时候，新郎不可以自己做主人，须由父母长辈主持。虞舜娶妻，没有告知父母，是不合乎礼的。君主立嗣，必须用嫡长子继承，周文王不立伯邑考，而立武王，是不合于规矩制度的。按照礼的规定，男子到了三十岁才可以结婚，文王十五岁就生了儿子武王，按规定是不合法的。夏朝的时候，殡殓死人，在正堂东首的阶上，殷朝在正堂上东西两柱的中间，周朝在正堂西首的阶上，这是殡礼的不同。至于所用的棺木，虞舜时期所用的是陶制的瓦棺；夏代的时候用二尺阔四尺长的瓦叠起来遮蔽尸体，叫作塈（jì）周；殷代的时候，用的是木椁；周朝的时候，用的是棺，而在外面还加上椁，并且插羽扇作为装饰。这是葬礼的不同。祭天的时候，夏代半夜在屋里祭，殷代天亮在堂上祭，周代太阳出来以后在庭中祭。这是祭礼的不同。至于音乐，唐尧用的是《大章》，虞舜用的是《九韶》，夏禹用的是《大夏》，商汤用的是《大濩》，周武王用的是《武象》。这是音乐的不同。五帝所行的道虽然不同，他们的恩德都可以被于天下；三王所做的事各不相同，他们的美名都能够流传于后代。这都是随着时代的变迁而制作礼乐的，就好比师旷转动琴瑟的柱，他推移高低上下没有一定的尺寸度数，但是没有不合音节的。所以，通晓明白礼之实的人，才能够制礼作乐，因为心中先有了一定的主张，才能够知道怎么样才合乎规矩和法度。鲁昭公的庶母死了，昭公为了报答庶母的恩情，穿了十三个月的孝服，后来就定下给慈母戴孝的丧礼；阳侯在国君的宴会上，看见蓼侯的夫人美丽，竟然杀了蓼侯，而把他的夫人抢走，自此以后，诸侯的宴会上，废除了夫人参加的礼节。先王的制度，不合时宜的，就应该废除它；后世的事情，如果是好的，就著明通行。由这些地方看来，礼乐的规定，从来都是没有一定。所以，圣人可以制礼作乐，而不被礼乐所束缚和限制。

【点评】

这是说明礼乐制度，都没有固定的常规，也不是永远不变的。因为代有因革，需要不同。前人所欲的，未必是今人所喜的。前人所宜的，未必是今人所需的。所以，必须因时为宜，以应时代的需要，不可墨守成规。

四、三代之兴不沿旧法

治国固然有一定的常规，但是要以利民为本；政教固然有定法，但是要以令行为最要紧。假使对人民有利，不一定要效法古人；倘使对事情方便，不一定要遵守旧章。夏、商两代的衰微，没有变更旧法而灭亡；夏禹、商汤、周武王的兴起，都没有沿袭旧法，而都称王于天下。所以圣人的法度，随着时代而更改，圣人的礼制，跟着风俗而变化。衣服和器械，应该便利各方面的用途，法度和体制，要适合各时代的需要。所以变更古法未必都是不对，顺从习惯不一定全对。百川的发源地虽然各不相同，然而全都归于大海；百家的学说虽然互有差别，然而目的都在于治好国家。王道残缺以后，才有《诗经》产生，周朝衰败和礼乐破坏以后，才有《春秋》创作。《诗经》和《春秋》，是学术上很有价值的著作。但是，都是乱世的作品。儒者们用这些书教导世人，怎么能够比得上三代的盛世呢？把《诗经》和《春秋》当作古道而宝贵它，但是又有没有作《诗经》、《春秋》的更古时代。讲残缺的道，不如讲完全的道；读先王的书，不如亲自听到先王的话；听到先王的话，不如知道先王为什么说这话的道理；因为先王说话的道理，并不是用话可以说得清楚的。所以老子说：可以说得出来的道，就不是永久不变的道。

【点评】

在一般人看来，具体的事物，才是完整的、真正的。但是，就道家来说，凡是具体的事物，完整的东西，是可以说出来的。可以说出来的，就不是永久不变的，不是永久不变的，当然就不能把它当作道。依此类推，前人所遗留下来的礼乐法制，就不能视为不变的准则。如果那样，就不能因应时代了。

五、法制礼仪仅为治国之具

从前周公侍奉文王的时候，行事不敢自专，做事不敢自己决定；经常俯着身体，好像穿不动衣服，闭着嘴巴，好像说不出话来；捧着东西送给文王，战战兢兢的，好像拿不动的样子，唯恐丢掉，可以说很会做儿子了。武王死了，成王还小，周公继承了文王的基业，站立在天子的地位上，处理天下的政务，平定了夷狄的混乱，诛戮了助禄父作乱的管叔和蔡叔，背着屏南面在王位上接见来朝的诸侯，赏罚决定，全由自己的主意，而不必问及别人，这时候他的威望震动天地，名声慑服天下，可以说是很威武了。后来成王长大以后，周公就把全部政权归还成王，立在臣子的地位上，北面低头服侍成王，什么事情都要请示了才敢去做，得到成王的允许才敢行动，没有一点专擅放肆的意思，没有一点骄傲夸功的神色，可以说很会做臣子了。同是一个人，前后变了三个样子，这就是为了适应时势啊！何况是一个君主，屡次变更年代，一个国家，屡次更换君主，每个人都要凭自己的权位，来达到他的好恶，假借威势，来满足他的欲望。在这种情形之下，想要用一成不变的古礼，一定不易的旧法，去应付时势，适合于变化，这样做不能够合乎时宜，那是非常明显的。所以，圣人遵循的叫作道，所作为的叫作事。道像乐器里的钟盘，制成以后一经调和了音节，就不再有变动；事像乐器里的琴瑟，弦的松紧和柱的上下，必须在弹奏的时候经常调整。因此，法制礼义只是治理国家所用的工具，绝不能依靠法制礼义就达到治理天下的目的。所以把仁作为常道，把义作为纲目，是万世不变的。至于要考察每一个人的才能，要应付每个时间的状况，即使每天换一个法，也没有什么不可以的。天下难道有一定的常法吗？只要实际上能够行得通，多数人都赞成，不违反天地，不得罪于鬼神，就可以把所有的事办好了。

【点评】

法治礼仪，仅仅是治国的器具，既然是器具，就必须因时用而加以变更。为什么呢？因为天下本无一定的常法，只要合于时代，为人所喜，顺于天地，应于鬼神，自然就可以用以为治了。

六、不验之言圣王不听

古代的时候，男人都非常忠厚，工人都施展技巧，而且做器坚固，商人做生意规矩，从不施展诈伪，妇女都很稳重。所以政治和教育容易使人感化，不好的风俗容易转移。到了现在，人民的道德愈加衰落，风俗更加败坏，想要用古代宽厚的法制，来治理疲顽的百姓，那就像驾驭凶悍而没有勒口、络头和鞭子的马一样。从前神农氏没有法令制度，而百姓自然服从。到了唐尧、虞舜的时候，有了法令制度，但是没有刑罚。夏朝的时候，人说话都守信用。到了殷商的时代，就需要发誓。到了周代，更需要歃血为盟了。到了现在的世界，挨骂能忍受，受辱也不在乎，贪图财利而不知羞耻。在这样的情况下，想要用神农氏时代的方法去治理人民，那一定会产生大乱的。从前的伯成子高辞去了诸侯的高位，而去做一个农夫，天下的人都崇敬他。现在的人，如果辞去了官职而隐居起来，就会被乡里中的人看不起。古今有别，怎么可以相比呢？古代的兵器，只用弓和剑而已，树干削成的尖枪，没有镶上铁，树枝制成的长叉，也没有尖锐的锋。现代的兵器，用高大的冲车来冲城，用深堑防箭牌来守城，射击敌人用接续不断的连珠箭，杀伤敌人用按机关飞出刀去的销车。古代攻伐敌国，不杀害小孩子，不掳掠老人。这样的规矩，在古代认为是正义，在现在认为是可笑。古代认为辞去诸侯为农是光荣的事，现在认为辞去官职退隐是可耻的事。古代认为可以为治的，现在认为是为乱了。古代的神农和伏羲不用赏罚，但是所有的百姓都不做坏事。可是现在的当政者，要治理百姓就不能够废除法律。虞舜只用一队舞队，在阶前拿了盾和斧跳舞，就可以使有苗归服，可是现在负责征伐的军事家，要平定暴乱绝不能废弃甲兵。这样看起来，法度一定要按照百姓的风俗习惯，定出先后缓急的程度，器械一定要随着古今时代的变迁，注意配合用途的改进。圣人制定了法度，一般人就会被法度所束缚；贤人制定了礼节，一般人就会受礼节的拘限。被法度束缚的人，不会想到长远的规划；受礼节拘限的人，不能够应付随时的变化。一个人如果耳朵辨不出清音和浊音的差别，就不能叫他去调和音乐；心里不明白国家治乱的根源，就不能叫他去制定法度；一定要有特别灵敏的耳朵、特别明亮的眼光，才能够执掌大道，一切都行得通。三代的礼制不同，殷朝改变了夏朝的礼制，周朝改变了殷朝的礼制，春秋时代又改变了周朝的礼制。既然各代不同，为什么要依照古代呢？长辈创制了，让后生小辈去遵守，但是必须知道，法度政治最初为什么要这样，才能够随着时代改变；如果不知道法度政治的根源，即使完全遵从古代，结果一定糟糕。现在的典籍，是随着时代变动的，礼义是跟风俗转移的，一般的学者，只知道遵循古人，继承先人的事业，根据古书，拘守旧训，认为非如此不可，那不就像把方榫头硬要敲进圆的榫眼里去吗？要想配合得密切，就太难了。现在的儒家和墨家，嘴里常常赞美三代，实际却不去做，这就是只说他们不能做的事；他们反对现在的一般人，自己却不肯改，这就是只做他们所反对的事。嘴里说的，是他们认为是对的事，而所做的，是他们认为是不对的事，所以浪费了光阴，用尽了心机，却对于国家没有一点益处；辛苦了身体，消耗了精神，却对君主没有一点补益。只看现在那些画匠，专爱画鬼怪，而怕画狗马，这是为什么呢？因为鬼怪从来没有人见到过，而狗马是大家每天都看到的。要转危为安，变乱为治，只有贤智的人才能做得到；至于称美先王，谈论古代，就是愚蠢的人，也会觉得十分容易。所以不合实用的办法，圣人绝对不会采纳；没有证据的空论，明主绝对不肯听从。

【点评】

　　空谈虚论，容易动听，而不能够实用；证实的事情，因为具体，而不能虚构。得道的明君，不采纳不合实用的办法，不听从无据不实的空论，那是当然的了。因为这些都无益于国家啊！

七、御人必以术

天地间的气，没有比和气再伟大的了。和气可以使阴阳调协，日夜分开，而且生长万物。万物在春天的时候生长，到秋天的时候成熟，生长和成熟，一定要得到和的精气。所以圣人的道，宽大而谨敬，严格而温和，柔软而正直，威猛而仁爱。太刚强了就会折断，太柔软了就会卷起来。而圣人正好处在刚柔之间，所以能够得道的本源。积阴过重就会下沉，积阳太多就会飞升。阴阳能够上下相交，才能够成为和气，以绳墨做量度，可以卷而收起来怀藏，把它拉开伸长，可以使直线看到。所以，圣人亲身行之，凡是长而不横的，短而不尽的，正直而不刚强的，永久而不遗忘的，恐怕只有绳墨了。所以恩德推移就会懦弱，懦弱就不会威严。严格推移就会威猛，威猛就不能生和气。爱心推移就会放纵，放纵就不能行令。刑罚推移就会暴虐，暴虐就会没有人亲近。从前齐简公，放下他的国家的大权，专门任用他的大臣，将相们专摄威柄，擅取势力，私门互相结成党羽，而公道反而不能推行，所以使陈成常（田常）和鸥夷子皮构成了弑杀简公的祸难，使得吕氏绝了祭祀，使陈氏得到国家，这都是柔弱懦怯所产生的后果。郑国的相名叫子阳，他的性情刚毅而喜欢处罚人，他对于受罚的人，捉到就不会赦免。他的舍人，有把弓折断的，怕犯罪受到诛罚，就借着有疯狗之惊而杀死了子阳。这是因为刚猛所造成的不良后果。今天不了解道的人，看见柔软懦弱的人受到侵犯，就专心一意地去做刚毅的人；见到刚强有毅力的人招致败亡，就专门去做柔弱的人。像这样的人，根本心中就没有主见，仅凭见闻去做，所以要舜驰于外了。所以，他终身都没有一定的归向。就像不懂音乐的人唱歌，用浊音就湮没无声，用清音就悴而不和。要是轮到韩娥、秦青、薛谈这些善于讴的人，侯同、曼声这样善于唱歌的人，愤于心志，积气于内，充满了然后发音，就没有不近于音律，而且和于人心的。这是什么原因呢？内心本来有一定的观念，来定清浊，不会受外界的影响，而由他自己订立了标准。就像现在的瞎子，行走在路上，人叫他向左，他就向左；人叫他向右，他就向右，遇到君子就容易行走，遇到小人就会陷落沟壑，这是什么原因呢？因为他眼睛看不到啊！所以，魏国的文侯起用楼翟、吴起，而失去了西河之地；齐国的愍王专任用淖齿，而身死在东庙。这是因为他们没有方法来统御这些人啊！周文王同时用吕望、召公奭，而能够王天下；楚庄王专门任用孙叔敖，而称霸诸侯，这是因为他们有办法统御这些人啊！

【点评】

御人有术，人才能够得其用。如果用人不以术，就是善才之人，也不能够得其功。这个术必须合乎中道，怎样才能合乎中道呢？必须宽严得中，刚柔相济，合乎人用，始为有功。

八、器各异用不能相废

敲打钟鼓，弹奏琴瑟，唱歌跳舞那样的音乐，打躬作揖，来回打圈那样的礼节，父母死了用衣衾殡殓，用棺椁埋葬，死后服丧三年那种丧礼，是孔子所制定的，可是墨子却反对他。普爱所有的人，尊重贤能的人，信仰鬼神，反对命运，这是墨子的主张，可是杨子却反对他。保全性命，葆养真神，不让身体受到外物的伤害，这是杨子的主张，可是孟子却反对他。一个人要这一个，不要那一个，另外一个人又要那一个，不要这一个，因为人各有各的见解。怎么样对，怎么样不对，各人有各人的环境，并没有一定。同环境相合的，就什么都对，同环境不相合的，就什么都不对。像丹穴、太蒙、反踵、空同、大夏、北户、奇肱、修股的黎民，是非各不相同，习惯风俗也不一样，君臣上下、夫妇父子之间，都各有各人使用的礼节，这里认为是对的，那里就认为是不对的，这里认为是不对的，那里认为又是对的，此是非彼是，此非非彼非，就像木匠所用的斧头、铁锥、锯子、凿子，用处各不相同。

【点评】

凡是工具，都有它不同的用途。不可以因为它的用途不同而有所偏废。人才不同，各人有各人的能力，不能因为能力不同而有所偏废。各家有各家的学说，不可以因各家的学说不同而有所偏废。所以，凡是能够达于治道的学说，都应该重视它，而不可以用此非彼，或是用彼非此。这样才能够达于治道。

九、能全观者可以通万方

夏禹的时候，用宫、商、角、徵、羽五音来听政，悬挂起来钟、鼓、磬、铎，把鞀（táo，同鼗）放在大堂上，等待各地的人来，并且公告说：用道德来教导我的请打鼓，用义理来指示我的请敲钟，告诉我事务的请摇金口木舌的铎，要告诉我心事的请击磬，有诉讼的请摇动鞀。在这个时候，他吃一顿饭要起来十几次，洗一次头要扎起三次头发，为天下的百姓们辛劳担忧。在这样的情况下，如果还有人不能表达善意，贡献忠诚，那就是因为他的才能不够了。到了秦始皇的时候，建造高的楼台，开辟大的花园，修筑几千里长的驿路，铸造了许多高大的铜像，派遣无数远征的士兵，征收喂马的草料，加重人头赋税，所收的税捐，要用畚箕倒进他的库房。所征用的男子壮丁，西边远到临洮和狄道，东边远至会稽和浮石，南边到豫章和桂林，北边到飞狐和阳原。死在道路上的人，填满了沟渠，死人的数目，只能拿沟来计算。在这个时候，要进言忠谏的便是恶人，要陈说道德的便被当作疯子。等到了我们高皇帝的时候，把已亡的国家保存，已灭的国家重兴，首先倡立大义，亲自卷起袖子，拿起兵器，替天下的老百姓请命于上天。在这个时候，天下的英俊豪杰，都露宿在江湖原野上，向前蒙受箭射飞石的袭击，向后退有掉进山谷里的危险，经历了万死一生，来争夺天下的权柄，发扬威武，激励忠诚，要在一日之间决出成败。当这个时候，如果还有人穿着宽大的衣裳，拖着宽长的带子，来讲儒、墨的仁义道德，解说先圣先王的遗教，就会被人当作痴呆。等到暴乱平定了以后，四海之内都安定了，高皇帝继承了周文王的事业，立下了周武王的功绩，站在天子的位置，创造刘氏的礼冠；召集鲁国、邹国研究儒墨学说的学者，讲论古圣先贤传下来的遗言旧训；出门摆开銮驾，竖立起大纛（dào），在宫中撞钟击鼓，奏黄帝创制的《咸池》乐，舞虞舜用过的干戚舞。如果有人敢在这个时候提起出兵打仗的话，就会有造反的嫌疑。在同一位皇帝的时代里，有的时间重武轻文，有的时间重文轻武，那是因为文和武的用途，本来是随着时代变动的。现在讲武的人就反对文，讲文的人又反对讲武，文和武互相反对，却不知道各时代文武的用处。这就像只看见屋里的一个小角落，却不知道宇宙的广大。所以向东望的人，看不见西边的墙壁，向南望的人，看不见北方。因此，唯有不偏向一方的人，才能够无所不通。

【点评】

人世间的事，各有所宜，各有所用。但是，要看用的时候合宜不合宜。在同一个时候，同一个人，用者为贵，已用则贱，得用为是，不用为非。可是，贵贱是非，并非一定。因此，不能以一隅之见而非全世。必须能够全观而不偏，才可以通万方。

十、国家存亡不在大小

国家之所以能够存在，是道德化民的关系；国家之所以灭亡，是因为道行不通的关系。唐尧没有一百户的城郭，虞舜没有可以立锥的地方，但是都得到了天下。夏禹没有十人的群众，商汤没有七里的分野，但是，都做了诸侯的盟主。周文王住在岐周之间的时候，地方不过百里，最后竟然立为天子，因为他有王道啊！夏桀和殷纣王兴盛的时候，人迹所到的地方，船车所通的区域，没有不成为郡县的。可是，他二人都身死在别人手里，为天下的人所耻笑，因为他们的不仁，所以早已显露出灭亡的形迹来了。所以，圣人见到教化，来看他的成败，德的盛衰，气象就会先表现出来。所以，得到王道的，虽然国家小，一定能够一天一天地大；有灭亡形迹的，虽然成功，终究会失败。当夏朝将要灭亡的时候，夏的太史令终古预先逃亡到商汤那里，经过三年以后，夏桀就灭亡了。殷纣王将要失败的时候，殷的太史令向艺预先归顺了周文王，一年之后，殷纣王就灭亡了。所以圣人能够预先见到存亡的痕迹以及成败的分际，并不需要等到汤伐夏擒夏桀于鸣条之野的时候，也不需要到甲子日武王诛纣那一天，而是可以预知的。现在所说的强者胜，就算他的土地大小，兵众多少；富者利，就计算他的粟米有多少，金钱有多少。如果用这样做标准，那么千辆兵车的君主，没有能够称为霸王的。而万辆兵车的大国，就没有败亡的了。如果说存亡的道理，像这样容易明白，那么一般的愚夫愚妇，都能够谈论了。但是，赵襄子仅有晋阳一城而称霸诸侯。智伯有三晋之地的广大竟然被擒。齐愍王以大齐而亡，田单以即墨一城而复齐。所以，国家的灭亡，虽然大也不可靠。如果是行王道，虽然小也不可轻视它。由这些地方看起来，国家的存在，在于得道，而并不在于国大，国家的灭亡，在于失道，而不在于国小。《诗经》上说：上天很关心地看着西方，认为这里可以安居。这是说明他要离开殷朝迁到周朝来了。所以乱国的君主，只用心在扩张土地方面，不肯用心在施行仁义方面，那就是一心要造成灭亡，放弃保存自己的办法。因此夏桀被拘禁在焦门的时候，不知道自己作为的错误，却后悔以前在夏台捉住了商汤王没有把他杀掉；殷纣王被拘禁在宣室的时候，也不肯承认自己的错误，却后悔以前在羑里拘获了周文王没有把他杀掉。夏桀、殷纣，如果在强大得势的时候，能够施行仁义，殷汤和周武王竭力想避免刑罚还来不及，哪里敢企图夺取他们的政权呢？他们上面遮住了日月星辰的光明，下面违反了百姓的期望，即使没有殷汤和周武王，难道没有别的人会来夺取吗？现在他们不去检讨自己，反而推在这两人身上。他们不知道天下并不是只有一个商汤和周武王，杀掉一个，另外一个还是会起来的。而且商汤和周武王能够从弱小取得政权，由于他们知道：夏桀和殷纣虽然强大，最后终于被夺，是由于他们的无道。现在不肯去走别人所取得政权的道路，反而加强了自己所以被夺的手段，这是走向灭亡的死路啊！周武王战胜殷朝以后，要在太行山建筑宫殿。周公说：不行，太行山这个地方，四面多山，形势险要，可以坚守。如果我们后代的君主，能够把恩德普施到天下，那么，来进贡朝见的诸侯，要绕许多远路，太不方便了。如果我们的行为暴乱，别国不容易来进攻，就要杀伤更多的人。这就是周朝能够传到三十六代君主，而政权不被夺取的原因。像周公这样，真可以说是最善于保持强大的了。

【点评】

国家的存亡，不在于大小，而在于是不是合道。如果能够合道，虽然国小，必能兴起，如果不能够合道，就是强大，也会灭亡。在中国的历史上，这类的证明，可以说多得不可胜数，而在这段文字里面，把这个道理说得非常清楚，使我们读了以后，对存亡的道理，认识就更深了。

十一、唯圣人能够知权

从前《周书》上说：上等的话，有时候只能做下等的用处，下等的话，有时也能做上等的用途。上等的话，是不变的真理，下等的话，是变通的权宜。这是关系着存亡的道理的。唯有圣人才能够知道权。说话一定要诚信，和别人约定的事一定要守信，这是天下人认为最崇高的行为。直躬的父亲偷了人家的羊，他竟然去做证人；尾生和一个女子在桥边约会，河水涨上来了他不肯走，竟然被淹死了。诚实到去证明父亲做贼，守信用情愿为了女子淹死，这样的诚实和守信，有什么可贵呢？军事上假传上级的命令，那是犯大法的。秦穆公派兵去攻打郑国，经过东周向东的时候，郑国的商人弦高将要到西周去贩卖牛，在路上和秦国的军队相遇在周和郑国的交界处，于是就假传郑伯的命令，把十二头牛去慰劳秦军，使秦国的军队因此而撤退，竟然保全了郑国。所以，事情到了特殊的境地，诚信反而会犯错误，虚诳反而可立大功。

【点评】

人处在常境常态之下，当然应该守信。但是，信必须近于义，如果是愚信，或是不当的信，就不如从权了。这段文章里所说的，"直而证父，信而溺死，虽有直信，孰能贵之？"就是告诉我们愚直、愚信，是一无可取的。

十二、智者必须因时用权

怎么才叫作失了礼而却有大功呢？从前楚恭王战于阴陵，被晋国的吕锜射中了眼睛，把他俘虏去了，又被潘尪、养由基、黄衰微、公孙丙四位大将抢了回来。恭王受了惊吓，晕倒在地上立不起来，黄衰微用脚踢他的身体，恭王醒来以后，恨黄衰微踢他而没有礼貌，一动气就跳起身来，他们四个大夫才扶他登车回去。从前有一名叫苍吾绕的人，娶了一个妻子，十分美丽，他竟然把妻子让给了他哥哥，这就是所说的不可行的忠爱啊！所以圣人要讲求事情的是非，根据是非来伸缩进退。没有死板的规矩，该伸的时候就要伸，该缩的时候就要缩。柔软得像蒲草熟皮，并不是胆子小；威武刚强，气魄冲天，并不是骄傲夸大；这都是为了要把握时机，适应环境变化的缘故。臣子见君主，屈着两膝跪拜，表示对君主的尊敬，是礼节应该如此了；可是到了受患难所逼的时候，就举起脚来踢他的身子，谁也不能说他是错。所以，只要确是出于忠心，就不能用平常的礼节来责备他。孝子侍奉父亲，平常总是和颜悦色，低身屈体，恭恭敬敬地把带子鞋子捧上去；但是遇到父亲落下水去的时候，就抓住他的头发，把他救起来，这不是胆敢侮辱父亲，是为了要救他的性命。所以，父亲要淹死的时候，可以抓他的头发，祷告鬼神的时候，可以直呼君上的名字，都是实际上不能不如此，这就是所谓权。所以孔子说：可以和他共同学习，未必可以和他共同走上正道；可以和他共同走上正道，未必可以使他有所自立；可以使他自立，未必可以和他权量轻重。权是只有圣人才能掌握的。所以做一件事情，虽然违反常规，做了却不能符合实际，就叫作不知道权。不知道权的人，好事反而会变成坏事。所以礼是真实的表面，虚伪的装饰，在紧急穷迫的时候，就毫无用处了。圣人在平常跟人交际的时候，要用礼做装饰；到了适应实际变化的时候，就不能不从真实性出发，绝对不会被硬性的常规所束缚，呆板得不知变化，因为这样，所以做事可以经常成功，很少失败，发出来的号令，可以通行天下，没有人会说是不对的。

【点评】

一个有智能的人，处理事务，绝对不会一成不变，尤其是在紧急的状况之下，如果仍然不知权变，那失败就会跟着而来。所以孟子说：男女授受不亲，礼也；嫂溺援之以手者，权也。由此我们更了解了权变的重要性。

卷第十四　诠言训

一、贵贱而贱贵可与言至论

　　无形的天地，混沌为朴而未分，没有经过造作而自然成物，叫作总万物的太一之神。一切都同出于一，而所发展的则各不相同。有鸟类、有鱼类、有兽类，叫作分物。物以种类分别，以同群而分。因为性命的不同，都呈现于有的世界，彼此相隔不通，分别形成万殊，不能够反其本宗。所以动而谓之生，死而谓之穷，都变成了物。并不是不是物而变成物的啊，而是造成万物的物物者，亡于万物之中的啊！当太初天地开始的时候，人生于无形，形成于有，有形而为物所制。能够反其所生，如未有形的时候，就叫作真人，真人是没有开始和太一分离的时候。那时候，圣人不做名主，不做谋府，不担任事，不出智慧，隐藏于无形，行动不见痕迹，出游不见朕兆。不为福而争先，不为祸而开始，保于虚无之中，动于不得已之际。想要得福的或变为祸，想要得利的或许遭害。所以，无为而能够得到安宁的，失去它所以安宁的道理，就会产生危险；无事而能够治平的，失去它所以治的道理，就会产生混乱。星辰罗列在天上而光明，所以人就指着它；义气列在道德而可以看见，所以人就看着它。人所指的星辰，运转都有一定的章法，人所见的道德，行动都有轨迹。运转有章法，人就评论它，行动有轨迹，人就议论它。所以圣人掩盖住明使它不显露出来，隐藏行迹于无为使它不表现出来。王子庆忌，死在要离的剑下，善射的羿，死在大桃木杖下，子路好勇，死在卫国，被菹成肉酱，善游说的苏秦，死在齐国。人没有不对自己的长处看重的，没有不对自己的短处轻视的。可是人都陷溺在他所贵上，而终老在他所贱上。因为所贵的是有形，所贱的没有征兆啊！所以，虎豹因为凶猛强壮，会引来被射杀的大祸；猿狖（yòu）因为敏捷快速，会招来被追捉的命运。人如果能够尊贵他所贱的，而贱他所尊贵的，就可以和他谈论至论的道理了。

【点评】

人所贵的是富贵名位，而富贵名位，每每成为害身的祸源。但是一般人很难脱出这个樊笼，常常心怀追逐名位富贵之心，同时也以得到名位富贵来骄世。殊不知这正和虎豹之强，引来射杀之祸，猿狖之捷，招来追捕之灾是一样的。如果一个人能够以贱为贵，以贵为贱，那就是了解至论的人了。

二、德必求于己

自信的人，是不会因为诽谤或赞誉而改变自己的主意的；知足的人，是不可用威势或利害来引诱他的。所以，通达性分实情的人，不专务人性的无以为；通达性命实情的人，不忧愁命运的所无奈何；通于道的人，不能够乱他的天和。詹何曾经说过：未曾听说身治而国家乱的，也未曾听说身乱而国家能治的。就像矩不正，就不可以做成方形；规不正，就不可以做成圆形是一样的。身就是事的规矩，也没有听说过自己枉曲的人，而能够正人的。本于天命，整治心术，分理好恶，调适情性，那么治道就通了。本于天命，就不会为祸福所惑；整治心术，就不会妄生喜怒；分别好恶，就不会贪求无用；调适情性，欲望就不会超过节制。不惑于祸福，会动静顺理；不任意喜怒，就会赏罚不随便；不贪求无用，就不会以欲望害理性；欲望不超过节制，就能够养性知足。凡以上四种，不求于外，也不假于他人，反求于自己就可以得到了。

【点评】

想要正人，必先正己。正如矩不正不可以为方，规不正不可以为圆是一样的。而正己必自原天命、治心术、理好憎、适情性为准则。因为这些条件，都是不假外求的，求之于己就可以了。

三、为治之本在于安民

天下不可以靠聪明来治理，不可以靠智慧来认识，不可以靠办事来整理，不可以靠仁爱使人归附，不可以靠强大求胜利。这五种事情，都是属于人的才干，如果德行不盛大，就不能够有一种成功。德行建立了，五者就不会有危险。如果五德都出现了，德行就无位可以建立了。所以得道的，就是愚笨的人也会有余；

失道的，就是聪明的人也会不足。要渡过水域而没有游泳的技巧，虽然强壮，一定会沉溺，如果会游泳的技巧，就是瘦弱，一定能成功。又何况是借舟船之上航行呢？为治的根本，在于安定百姓；安定百姓的根本，在于能够足用；足用的根本，在于不要夺取农工商人工作的时间；不夺取工作时间的根本，在于省事；省事的根本，在于节制欲望；节制欲望的根本，在于恢复本性；恢复本性的根本，在于去浮华而存无；去浮华而存无，就会得到虚；得到虚就能够平，平是道的本质，虚是道的居处。能够有天下的人，一定不会失去他的国家，能够保有国家的，一定不会丧失他的家庭，能够治理家庭的，一定不会丧失他的身体，能够修养身体的，一定不会忘掉他的心，能够本于他的心的，一定不会亏负他的本性，能够保全他的本性的，一定不会迷惑于道。所以广成子说：谨慎地守着你的内心，周闭着你的外体，凡是多用聪明的一定失败，不要以看为明，以听为聪，抱持精神求安静，形体自然就会正。如果不得于自己，而能够知道对方的，那是从来没有的。所以，《周易》上说：要像袋子系住了口，像人不说话，这样就可以无咎无誉了。

【点评】

这是强调根本的重要，根本就是得道。如果能够得到了自然的道，不需要恃聪明，凭耳目，就可以治民安天下了。

四、圣人以柔胜

能够成为霸王的，一定是能够得胜的人；能够胜敌人的人，一定是强者；能够是强者的人，一定是要用人力的人；能够用人力的人，一定是能够得到人心的人；能够得到人心的人，一定是能够自得的人；能够自得的人，一定是柔弱的人。强力可以胜过不如自己的人，至于别人的力量和自己相同的，想要胜他，就要发生战争了。以柔弱胜过出于自己之上的，他的力量是不可以测的。所以能够以多的不胜，而成为大胜的，只有圣人能够这样。

【点评】

道家主张柔弱胜刚强，因为柔弱者多不胜，正因为他多不胜，所以时时求大胜。这就是集不胜为大胜的原因了。

五、顺势而为不为物累

善于游泳的人，不学撑船，便会用船；筋力强劲的人，不学习骑马，遇到马就会骑；轻天下的人，身体不为物所累，所以能够安然处之。从前太王亶父居住在邠地，狄人攻打他，他用皮币珠玉侍奉狄人，狄人仍然不停止侵略。于是，太王就辞谢了当地的耆老，而迁徙到岐周地方去。百姓携幼扶老都跟随着太王，因此而变成了一个国家。推想这个意思，四代以后，而得到天下，不也是应该的吗？

能通于理的，必能旁通于事。不为物累的人，自然能够安然处之。太王能够去邠至岐周而成国，皆出于自然的成功，而非强力的组成。由此推之，文王、武王之得天下，也是应该的。

六、不治而为大治

不以天下为治的人，一定能够治理天下。自然界飞霜下雪，降雨坠露，生长万物，杀灭万物，天并没有专门去作为，但是仍然还尊天。持文劳法，来治官理民的，是专管各部门的有司。君主是无事可做的，但是仍然尊崇君主。开辟土地，垦除草莱的人是后稷；开河流，疏导江水的人是大禹；审理诉狱，判决公平的人是皋陶；但是，有圣人之名的，却是唐尧。所以得道而治天下的人，他自己虽然没有能力，却能使有能力的人全为他所用。如果不能得道而治天下的人，他的技艺本领虽然多，但是，一点用处都没有。

【点评】

以不治为治的人，是懂得大治的人。尧治天下，就是以不治为治。他本身无为，而所有的能者均为他所用。所以，得道的人，无能而可以治天下，不得道的人，有力而无法为用。

七、怀虚者无訾议

当用船要渡江的时候，有一只空船从另一方面撞来，碰在一起船翻了，虽然产生嫉害之心，但是并没有怨恨之色。如果有一个人在船上，一个叫离岸远些，一个叫离岸近些，再三地呼叫而不响应，丑恶的骂声一定会跟着出口。从前不生气而现在生气，是因为从前船中无人而现在船中有人啊！人如果能够虚心，优游于世上，谁能够訾议他、批评他呢？

【点评】

凡是怀虚的人，就不会被訾议和批评，因为他没有可以批评和訾议的地方啊！

八、循自然可近于道

放弃了道而专任聪明的人，一定会遭遇危险。放弃了道术而专门用才的人，一定会遭遇到困难。世上只见到因为欲多而灭亡的，没有见到因为无欲而产生危险的。有用私欲治天下而乱的，没有见到因为守常道而有所失的。所以聪明智慧不能够免祸患，愚笨不至于失去安宁。如果守着本分，顺着天理，失去不会忧愁，得到不会高兴。所以，成功的人，并不是靠作为，得到的人，并不是靠贪求。进来的有接受而没有强取，出去的有授给而没有强予。顺着春天而生，随着秋天而杀。所生的不感他的德，所杀的不对他怨恨。这样就近于道了。

【点评】

　　凡是从自然的，就可以无欲。无欲的人，就不会专靠聪明，因为聪明不足以免祸。无欲的人，能够守常，守常的人，反而一无所失。所以，人如果能够守本分，顺天理，就可以无忧无喜了，无忧无喜，那是人生最高的境界啊！

九、祸福不在于己

　　圣人不去做会引起非议的行为，但是，并不憎恨别人对自己的非议。圣人修养足以使人称誉的道德，但是，并不要求别人来称誉自己。圣人不能够使祸患不到来，但是，相信自己不会故意去迎接祸患。圣人不能够使福祉一定到来，但是，相信自己不会故意去攘除福祉。祸患的到来，并不是他所求而来，所以遭遇穷困而不忧愁；福祉的降临，并不是他所要求而成，所以就是通显也不自伐功劳。这是因为他知道祸福的到来，并不在于自己。所以他能够闲居而快乐，无为而天下治。圣人保持他所以原有的，而不要求他所没有得到的。如果求他所未得的，那么，所有的反而会亡失掉。修养他所有的，所希望达到的就会到来。所以，用兵的人，先做不可胜的准备，然后待敌而得到可胜的效果。治理国家的人，先做不可夺的准备，然后待敌而得到可夺的效果。

【点评】

凡事必须从本身做起，能够自制的人，才能够制人。所以，道家主张凡事都要先自胜，然后才能够胜于天下。自胜必先自无欲始，古人说：无欲则刚。因为无欲的人，心无所累，形无所拘，顺自然而行，反能有大的成功。

十、福在无祸利在不丧

虞舜修养自己于历山，而海内所有的人，都顺从他的教化；周文王修养自己在岐周，而天下所有的人，都跟着他改变了风格。假使让虞舜趋天下的大利，而忘了修养自己的大道，自身都不能够保全，又怎么能够有尺寸之地呢？所以，治理天下还没有坚固的时候，就要治而不乱，这样从事于治道的，一定会遭危险。修身行为尚没有坚固的时候，就要是而非，这样急求名声的人，一定会受挫折。最大的福就是无祸，最美的利就是无丧。所以，动有所为，对物来说，不是损害就是增益，不是完成就是毁伤，不是有利就是灾祸，这些都是危险而不可行的。所以，秦战胜了西戎，而被晋大败在殽；楚国战胜了诸夏的中国，而被吴国打败在柏举。所以，道是不可以劝人去就利的，而可以劝人安宁去避害。所以能够常保无祸，不能常保有福。能够常保无罪，不能常保有功。圣人没有思虑、没有准备，来的不迎接它，去的不恭送它。别人虽分在东西南北，圣人独立在中央。所以，他处在众曲之中，而不会失去他的直。天下都发生变化，他却不会离开他的坛域。所以，他不做善，不避开丑恶，只是遵循天道；他不做开始，不专任自己，只是顺着天理；他不豫先计划，不放弃时机，只是顺着天然的机会；他不求得到，不推辞福祉，只是顺从天的法则；他不求所没有的，不失去所得到的，里面没有旁的祸，外面没有旁的福，祸福都不发生，怎么会有人来贼害他呢？做善事就为众人所观见，做恶事就为众人所议论，观见就会产生尊贵，议论就会产生祸患。所以，道术是不可以进而求名誉的，但是，却可以用来退而修身。不可以借道术得利，而可以凭道术离害。所以圣人不用行为求名誉，不用聪明被称美，只是效法自然，自己并不参与。因为思虑比不上法术，行为比不上德行，人为的事比不上自然之道。专去作为有不成功的，专去寻求有不能得到的。人有时而穷，但是道没有不通的时候。所以和道相争就会凶。所以《诗经》上说：没有见解，没有知识，顺着君主的法则去做。有智慧而没有作为，和没有智慧的人是同道，有能力而不从事，和没有能力的人是同德。他的聪明，告诉他的人到了，然后觉得它在动，使用他的人到了，然后才觉得在作为。因此，有智慧的人就像没有智慧，有能力的人就像没有能力，这是因为道理是正的啊！

【点评】

所谓福在无祸，利在无丧，主要的是告诉人们，不要求福，不要招祸。如果祸福都不产生，就不会遭到贼害了。要怎么样才能使祸福不生呢？那就是不要恃聪明，不要用智慧，循天理而顺自然，这样才能够达到无祸无丧的地步。

十一、名与道不可两显

所以功劳盖过天下的，不夸张他的好处；恩泽能够广被后世的，不自称他的名誉。因为道理通达了，人为的造作就会消灭。名和道是不能够两者同时显露的，人领受了名誉，道就会不用；道胜过了人为，那么人的名誉也要消失。道和人为争长，如果人为彰显了，那道也就被止息。人为彰显，大道息灭，那么危险就相离不远了。所以，一个世代有了盛大的名誉，那么衰亡的日子也就会跟着到来。想要立名的人，一定要做善事，要做善事，一定要产生很多事情，事情多了，就会放弃公而去为私，不用道术而用私心。因为想借做善事获取名誉，因此把立名作为根本。这样的话，治国不修故法，理事不等时机。治国不修故法，就会多责，理事不等时机，就会无功。责任多而功劳少，没有办法来应对责任，就会任意做而要求合宜，任意为而要求得中。就是成功了，也不能偿责；事情失败了，又不能够弊身。所以，懂得多做善事和多做不善的事是一样的，那就近于道了。

【点评】

名和道是互相冲突的，因为名是显世的，而道是隐藏的。得名的人，就不能得道；而得道的人，自然无名。所以两者不可同显。

十二、无心无欲胜于有心有欲

天下并不是没有信用的人，但是临货要分财物的时候，一定要拿筹码来定分，因为有心的人对于公平，比不上无心的人。天下并不是没有廉洁的人，但是看守重宝的人，一定要关着门而使封条完整。这是因为有欲望的人对于廉洁，比不上无欲望的人啊！别人举出自己的毛病，就会怨恨他，可是镜子照出人的丑恶，才是真的好镜子。人能够接物，而不以自己的好坏为准，就可以免于负累了。

【点评】

心存公平，就已经有不公平存在了；心存廉洁，就已经有不廉洁存在了。如果根本无公平、廉洁之心，则公平、廉洁自在。别人指我的毛病，就怨恨他，因为他有心这样做，镜子里现丑形，而不怪镜子，因为镜子无意这么做。因此，凡事都要减去自己的主观，而依顺自然的客观，就可以真公平、真廉洁了。

卷第十五　兵略训

一、用兵平乱除害

古代用兵的人，不是为了贪图土地的广大，也不是为了金玉财宝的获得。用兵的目的，是为了使国家亡而复存，绝而复继，平定天下的纷乱，消除百姓的祸害。凡是有血气的虫类，口中长着利牙，头上生着硬角，前面生着利爪，后面长着坚蹄。有角的会用角顶触，有牙的会用牙噬咬，有毒的会用毒钩螫，有蹄的会用蹄子踢。欢喜的时候在一起互相嬉戏，发怒的时候在一起互相残害，这都是虫类自然的天性。人类有穿衣吃饭的欲望，但是衣服和吃的东西常常是不够的，所以大家混杂居住在一起，如果分得不平均，要求得不够，就会产生争夺。发生争夺以后，强壮的就会胁迫弱小的，勇健的就侵凌懦怯的。人类因为没有坚强的筋骨和锐利的爪牙，所以就割取皮革来做铠甲，熔铸钢铁来做兵刃。但是有些贪睡爱吃的人，残害天下的百姓，使百姓们骚动不安，不能够安居乐业。这时候有圣人忽然兴起，于是就讨除强梁暴力，平定混乱局面，夷平险阻，清除污秽，把混浊变为澄清，把危险变为安宁，所以能够绵延不断，不会从中间断绝。用兵的由来，可以说从远古就有了。

【点评】

用兵的目的，在于解决纷争，维持人类的秩序，而非为了侵凌和抢夺。所以孔子说：以不教民战，是谓弃之。所以自古就有兵，但是用兵是为了胜残去杀，以求和平。

二、自古就有战争

黄帝曾经和炎帝大战，颛顼曾经和共工力争。所以黄帝和蚩尤战于涿鹿之野，唐尧和不义战于丹水之滨，虞舜征伐过三苗，夏启攻打过有扈。从五帝开始的圣王，战争都不能够平息，又何况后代的衰世呢？

【点评】

自有人类，就有战争。古代的圣王，为道义而战；衰世的君主，为利欲而战，仅此不同而已。

三、用兵在于禁暴讨乱

用兵的目的，在于禁止暴力，讨伐逆乱。炎帝造成火灾，所以黄帝擒灭了炎帝；共工造成水害，所以颛顼诛伐了共工。用道来教化他，用德来引导他，而不服从教化引导，就应该用威武加在他身上，用威武加在他身上而不顺从，就应该用兵革来征服他。所以圣人用兵，就像栉发和耨苗一样，所除去的很少，使得利的很多。如果杀了没有罪的百姓，来奉养一个无义的暴君，害处没有比这个再大了。竭尽天下的财富，来满足一个人的欲望，祸患没有比这个再深的了。假如夏桀和殷纣两位君主，发现他们对百姓有害，使他们立刻遭到祸患而灭亡，就不至于产生炮烙酷刑；晋厉公和宋康公，行一件不义的事，就让他们身死国亡，就不至于发生侵夺为暴的事件。这四位君主，都是因为有小的过错，而没有加以讨伐，所以渐渐形成了抢夺天下，残害百姓，任意逞一个人的邪欲，而增加海内百姓的祸患。这是社会公论所不许可的。古代之所以为百姓立君主，就是为了禁止暴力，讨伐逆乱。现在用天下百姓的力量，反而来残害天下的百姓，不是等于替老虎添上羽翼吗？为什么不除去这样的祸害呢？所以养鱼在池塘里的人一定要驱除吃鱼的猵獭（biǎn tǎ），养禽兽在苑囿里的人一定要驱逐吃禽兽的豺狼，更何况是治人呢？当然要驱除害民之贼了。

【点评】

禁暴讨乱，就是为民除害。凡是有小过者，必先用兵禁止，不使暴乱扩大，这样百姓受害必轻。所以善于为民除害的君主，就像为鱼驱逐猵獭、为禽兽驱逐豺狼、为民驱逐残贼一样。

四、霸王之兵如旱求雨如渴求饮

所以霸君和王者的用兵，经过详细的讨论和思虑，计划和图谋，用义来用兵。不是以亡为存，而是以存去亡。所以听到敌国的君主，有把暴虐加到百姓身上的，就兴兵开到他的国境上，责备他的不义举动，讥讽他的错误行为。军队到了敌国的郊外，就下命令给军队中的军士们说：不可以斫伐敌国的树木，不可以挖敌人的坟墓，不可以烧敌国的五谷，不可以烧敌国的仓库，不可以捕捉敌国的百姓，不可以夺取敌国的六畜。同时发号施令说：敌国的君主，对天骄傲，对鬼侮慢，把无辜的人关入监狱，把没罪的人杀戮死亡，这种做法，是上天要责罚的，也是百姓所仇恨的。今天军队开到这里来，是要除去不义的君主，而恢复有德的君主。有违反天道的和率民为害的，使他身死和宗族灭亡。如果是率全家归顺的，就全家给禄；率全里归顺的，就赏他全里；率全乡归顺的，就把全乡封给他；率全县归顺的，就以县侯封给他。攻下了敌国，不罪到百姓身上，废掉他的君主，而改变他的政治。尊重敌国优秀的士人，崇显敌国的贤良，赈救他们的孤儿寡妇，抚恤他们贫穷的百姓，释放他们的囚犯，奖赏他们有功的人。这样的话，敌国的百姓开着门等待义军到来，洗好米准备义军来吃，心里面只恐怕义军不来呢。这就是商汤和周武之所以能达到王天下和齐桓公之所以能够霸诸侯的原因了。所以国君暴虐无道，百姓们盼望义兵的迫切，就像旱天盼望下雨，口渴盼望喝水一样。像这样的义兵，谁和他打仗呢？所以义兵的到来，可以不用战争而使敌人心服。

【点评】

　　古人说：兵以义举。凡是以义起兵的王者和霸者，一定会使敌国的百姓引颈而望，就像渴之望饮，旱之望雨一样。因为王、霸之义兵，在解民之倒悬，所以能够使人心悦而诚服。

五、自为之兵众去之

　　晚世用兵的人，君主虽然暴虐无道，没有不挖深渠堑增高城墙而坚守的。攻城的人不是为了禁止暴虐除去祸害，而是为了侵略土地增广疆域。所以到了伏尸满野流血遍地，横七竖八地倒在前面。像三王五霸那样的功业之所以不能够常见的原因，是自私自利所造成的。所以为了争地而战的人，不能够成为王者，为自私自利而战的人，不能够建立功业。举事是为了他人的人，众人都帮助他；举事是为了自己的人，众人都叛离他。众人帮助的人虽然弱小一定会变得坚强；众人叛离的人虽然强大一定会灭亡。用兵失道的人会一天一天地弱小，得道的人会一天一天地坚强。将领失道的人用兵笨拙，将领得道的人用兵精巧。治理国家得道的就能够生存，失道的就会灭亡。所说的道，取像于圆，效法于方；背负着阴，怀抱着阳；左边柔软，右边刚强；站在幽暗的地方，顶着明亮的太阳。变化没有一定，能够得到一的根本，就可以响应万方。这就叫作神明。所谓的圆是天，所谓的方是地。天因为是圆的而没有头，所以不能够看见，地因为是方的而没有边，所以不能够看见它的门。天化育万物而没有形象，地生长万物而没有计量，混混沌沌的什么也不清楚，所以没有人知道它所藏的是什么。凡物都是可胜的，只有道是不可胜的。道之所以不可胜，是因为道没有固定的形势，就像轮子的运转永远没有穷尽，像日月的运行永远不会停止。像春秋时序的变更此去彼来，像日月的日夜循环，日终了月开始，月终了日开始，天亮了又黑，黑了又亮，得不到它的固定法式，治以不治为治，所以大功可以完成；役物而不为物所役，所以能够胜任事务而不为事务所屈服。以有刑为用兵的极致，但是如果到了以无刑为用，可以说是用兵极致的极致了。

【点评】

用兵应以为民兴利除害为主，如果为了自利，必致败亡。为了自己而用兵，一定倾动天下，万民被害，最后的结果，必如孟子所说的：多助之至，天下顺之；寡助之至，亲戚叛之。因为寡助的暴君，都是失道的，失道之君，自然就会为民所弃了。

六、用兵以庙战神化为高

所以最能用大兵的人不见创伤，因为他可以和鬼神相通。对于戈、殳、戟、酋矛、夷矛五兵，不加磨砺，天下的敌人没有敢抵挡他的。召集发令的建鼓不必运出库外，诸侯没有不恐惧惊怕而丧胆不敢动的。所以在庙堂上计划好而作战的，一定能够称帝；

通于鬼神变化的，一定能够称王。所说的庙战，是效法天道自然而战；所说的神化，是效法四时变化而战。修明政治在国境之内，远方的人就会仰慕他的德化；掌握胜利在没有作战之前，天下的诸侯就会畏服他的威严。这样，因为内政治理成功，所以庙战神化可以达到。

【点评】

孙子曾经说："未战而庙算胜者，得算多也，未战而庙算不胜者，得算少也。多算胜，少算不胜，而况于无算乎？"这是说明用兵必须先谋，在未战之先，必定要在庙堂（就是朝堂）之上，先计划好，这样和敌人作战，才能有胜算的把握。有了胜算，而要以不战而屈人之兵为高。能够做到不用武力而瓦解敌人，那真是用兵的极致了。

七、得道的人须法天地顺自然

上古得道的人处静的时候效法天地自然，处动的时候顺着日月的循环，喜怒的时候合于春夏秋冬四时的节令，叫呼的时候好比雷霆的震动，出音气的时候不和八风相乖，屈伸的时候不和五行违背。下到介鳞的小动物，上到毛羽的大动物，枝条长树叶长得满，所有的万物和各种族类，由根本到枝末，没有无秩序的。所以处在狭窄的地方不觉得逼迫，处在大的地方不觉得细小，它可以浸滋金石，润泽草木，大到上下四方，小到毫毛尖端，没有不和顺自然的。浸渐周洽黏稠细微的地方，没有地方不存在的。所以得道的人胜利的把握比较多。

【点评】

凡事合自然，就能够应节而不失。用兵之道，亦是如此，如果能把握要道，当然胜利的机会就会增多。

八、善用兵者使民自愿为用

射箭的人得不到规度和方法，就射不准目标；千里马完全不用方法节制，就不能够行至千里。所以战争得不到胜利的原因，并不是陈兵击鼓两军相斗那天的结果，是因为平素没有法度和训练不够的关系。所以得道的军队，兵车可以不用开出来，战马可以不加鞍，战鼓可以不敲响，旗帜可以不解卷束，铠甲可以不离开箭，兵刃可以不尝到血，市朝可以不变更位置，商贾可以不离开店铺，农夫可以不离开田野。用大义来责备他们，大的国家一定会来朝拜，小的城市一定会降服。顺着民众的欲望，用民众的力量，来替民众除去残贼。所以有共同的利益就可以互相死难，有共同的情怀就可以互勉成功，有共同的欲望就可以互相协助。顺着大道去做，天下的人同归；为民众而尽心，天下民众替他战斗。打猎的人追逐禽兽，车很快地赶，人急忙地追，每个人都尽了自己最大的努力，没有刑罚的威迫，都自动地做斥候，阻挡拦截的原因，因为大家同都为了争利啊！大家同船来渡江，忽然之间遇到了风浪，不论哪些部族哪种人，都会很快地集中力量来救船，就像自己的左右手那样合作，并不是彼此互相感通，而是因为他们彼此的忧患相同，自然就同心协力了。所以圣明的君王，他的用兵，是为了为天下清除祸害，和天下的百姓共同享受利益。所以民众替他效命，就像儿子为父亲，弟弟为兄长一样。威武一旦加于敌人，声势的壮大，就像崩塌的山，决堤的塘，敌人哪一个敢抵挡？所以善于用兵的人，用他自愿为国家出力，不善于用兵的人，用他为自己而出力。用他自愿为国家而用，那么天下没有不可用的兵；用他为自己而用，得到的实在太少了。

【点评】

为国者不必自利，不自利则天下的人自然乐为他所用。这是因为用兵的人出于公心啊！所以出于公的，没有不可用的兵，出于私的，没有可用的兵。

九、用兵的三要

用兵有三件要事，治理国家，管理境内；施行仁义，颁行德惠；立定正法，阻塞邪隧。众臣全部亲附，百姓彼此和睦。无论在上位或是在下位大家都是一条心，君主和臣下同心协力，诸侯畏服他的威严，天下四方感念他的道德。修明政治于朝廷之上，御敌制胜于千里之外，拱手作揖之间指示方略调度一切而使天下全部响应。这是用兵的上等方法。国土广大人民众多，君主贤能将帅忠心，国家富足兵力强大，约束守信号令严明，两军列阵相对，钟鼓可以相互看见，还不到兵器相接锋刃相交敌人就败北奔逃了。这是用兵的次等方法。了解土地的地形适合于何种用途，熟悉险要地势有什么样的利益，懂得奇正互用的变化，观察行军布阵分合的方法。用索系枹在臂上来击鼓，锋利的兵刃相交合，飞空的流矢相交接，涉血而过，践肠而行，车载着死的，手扶着伤的，流血成河，尸骸满野，就以这样来决定胜败，这是用兵的下等方法。现在天下的人都知道对事情治理它的微末，而不知道专门去治理它的原本，这不是放弃了根本而立它的枝末吗？用兵之道，所以促成胜利所需要的多，而所以一定达到胜利的少。甲仗坚固兵器锋利，战车牢固战马精良，储蓄积聚供给充足，军容盛大战士众多，这就军队而言是最大的军资了。但是，这些并不是胜利所系的要件。懂得星辰日月的运行，以及刑罚道德阴阳奇正的方术，相违相向相左相右的便利，这是战争最大的助力。但是，这些也不是全胜的要件。一位优良的将领之所以能一定胜利，常因为他有不平常的智慧，不为外人所知的方法，很难以众人的智慧方法和他同样来比。

【点评】

用兵三要，第一为拱揖谈笑之间，使敌人畏服，天下响应。第二为示以强大的军力，使敌未战而屈服。第三为力战而敌服。但是良将决胜，必恃奇智妙方，众人皆不能及，亦为决胜的要件。

十、佐胜之具和必胜之本

论贤任吏非常谨慎，当动的时候动，当静的时候静，军中的官吏士卒都认识，兵器甲仗非常整齐，行军行伍非常正确，什伯相连团结牢固，战鼓旗帜排列显明。这是军尉之官所管的事。前前后后危险不危险他都知道，见到敌人就知道对敌的困难和容易，斥候侦察有所发现不会忘掉，这是军候候望之官所管的事。隧道开得快，辎重道路开得好，赋治军垒尺丈平均，军队住下能够安定和辑，井灶相通，炊食方便。这是军司空补给修缮之官所管的事。专在后面收藏，迁舍以后没有遗失，没有浪费的车子，没有遗失的辎重，这是舆官候领舆众在军队后面所管的事。就整体来说，这五官（前面所举只有四官，脱掉一官，根据王念孙的说法，在兵甲治下，应该有此司马之官也一句，因为从论除谨至兵甲治，都是司马之官所管的事，非尉之事。而且句法亦和下面不同，自正行伍以下，才是尉所管的事）对于将领的关系来说，就像一个人的身体和他的四肢手脚一样不可分开。所以这五种官，一定要选择适当的人，发挥他的长才，使他能够担任胜任的官职，使每一个人都能够尽他的职事，告诉他政治的责任，申明他法令的威严，使他像虎豹有锐利的爪牙，像飞鸟有六支羽柱，没有不为他所用的。但是，这些都是佐胜的工具，得到这些并不是一定就胜利的。兵的胜败因素，根本系于政治，政治力量强过他的民众，在下的民众一定服从在上的领导，民众的力量强过政治，在下的民众一定背叛在上的领导，这样兵就弱了。所以施行德义就能够怀柔天下的民众，办好事业就能够应付天下的急需，选贤举能就能够得到贤士为国效命的心志，运用谋虑就能够知道敌我强弱的形势。这些就是必胜的根本啊！

【点评】

为将的人，必须慎选干部，作为佐胜的工具。但是，军队的后盾，是政治而非武力，行德义，选贤能，用智计，知敌我，才是必胜的根本。

十一、历史的证明

土地广大民众多不能够称为强盛，坚厚的铠甲锋利的兵器不能够得到胜利，高大的城墙深阔的城河不能够称为坚固，严密的命令繁多的刑罚不能够认为威武。推行的政治是为国家生存的政治，国家虽然小一定能够生存；推行的政治是使国家灭亡的政治，国家虽然大一定走向灭亡。从前的时候，楚国人的土地，南方卷有沅湘之地，北方绕着颍、泗二水，西方包括巴、蜀，东方裹有郯、淮，用颍水和汝水做沟洫，用江水和汉水做深池，以邓林为垣，以方城为塞，山的高度可以顶到云，溪的深度深到不见影，地理形势非常便利，战士民众都很勇敢，用蛟龙的革、犀兕的皮做甲胄，长矛和短矛齐排在前行，连发的弩箭陪在后面，很多车子卫护旁边，快得像金镞翦羽一样，合起来势如雷电，散开来好像风雨。可是，军队遭遇危险在垂沙，大军破败在柏举。楚国的强盛，量量土地，算算人民，它的力量，能够中分天下。但是楚怀王北边怕孟尝君而受制于齐国，放弃了社稷宗庙不管，而屈身遭囚于强秦。结果，军队遭受挫折，土地遭受割削，死在秦国而无法还楚。秦朝的二世皇帝，就他的势力来说他是天了，就他的富有来说他富有天下，凡是人迹能够到的地方，舟船所通的地方，没有不是秦的郡县的。但是，他放纵声色以满足耳目的欲望，极尽奢华和浪费，不管天下老百姓的受饿受冻和贫乏困穷。起万乘的车驾，造阿房宫的宫殿，调发闾左的百姓戍守边地，征收民财三分之二的赋税，天下的百姓应召而遭极刑或替国家挽车死在路上的，一天不晓得有几千万的人，天下的百姓受的煎熬就像烧焦烤熟了一样，天下百姓的颠沛流离受苦到了极点。上到天子下到庶民都不能相安，官吏和民众也不能相依赖。戍卒陈胜起兵于大泽，举起了袒露的右臂，自己建立国号为大楚，而天下的人都响应他。陈胜在这个时候，并不是有坚牢的铠甲锋利的武器，也没有强劲的弩箭和力大的冲城工具，斫下来棘枣有刺的树木来做矛柄，把木杆子放进锥凿里捻钻成兵刃，把竹片削得尖锐，挺儋镬斫杀，来抵挡长戟硬弩，攻城取地，没有不投降而被攻下的，天下为之大乱，如群蚁乱动，得到的土地，好像收云卷席一样，方几千里。他的地位势力至为微贱，他所用的器械很不锋利。但是一个唱出口号大家起来响应的原因，是因为积怨已存在民心了。武王讨伐殷纣王的时候，东面来迎岁，到了氾（fàn）的地方遇到了大雨，到了共头山就陨落了，彗星出现了，柄在东方可以扫西方。当作战的时候，十个日头乱于天上，狂风大雨袭击中间。但是周武王对战士们，在前锋的没有赴难的赏赐，在后面的也没有遁逃败北的刑罚，白色锋利的刀还没有全拔出来而天下已经得到了。

天下积愤，人民怀怨，义兵吊民伐罪，一定能够胜利。证诸历史，陈胜的举兵，武王的伐纣，莫不一举而天下响应。而暴虐的政治，没有不随之而亡的。所以义兵靠道德，而不靠威武。

十二、善用兵者弱敌而后战

所以用兵的方法，对于善于防守的敌人，不要进攻他；对于善于战斗的敌人，不要和他争斗。懂得当禁舍当开塞的道理，能够乘时势的变化，顺民众的要求来取天下。所以，善于办政治的人要积他的德行，善于用兵的人蓄积他的怒气，德积得多了民众就可以为他所用；怒气蓄满了军威就可以建立。所以，文加在百姓身上浅，用势力服人的力量就小，德施在百姓身上广，用威势制人的力量就大。威势制人的力量大，就能使本身强大，使敌人弱小。所以，善于用兵的人，先使敌人势力减弱，然后才和他作战。这样子所费的力量不到一半，但是所得到的功绩自然增加一倍。汤的地方仅七十里而能王天下，是因为汤善于修他的德行；智伯的地方千里之广而灭亡，是因为智伯穷兵黩武所造成的。所以，千乘兵车的国家行文德的一定王天下，万乘兵车的国家好用兵的一定灭亡。所以，凡是称为全兵的，一定先以德胜而后再和敌人作战；败兵一定先和敌人作战而后再求胜利。如果彼此积德相等，那么，人民多的胜人民少的；力量相等，那么，有智慧的胜没有智慧的；势力相等，那么，有方术的可以擒服没有方术的。

【点评】

　　以弱胜强，那是不容易的。相反的，以强胜弱，那是很容易的。所以对敌人，必须先使对方由强变弱，然后乘其弱而攻之，一定能够一举而克之。所以，善于用兵的人，一定要先使敌弱，然后再战。

十三、善用兵的人必先庙算

　　凡是善于用兵的人，一定要先从庙战开始，庙算就在朝堂战，要先在朝堂上计算，敌我的君王谁最贤德，敌我的将领谁最能干，敌我的民众谁最亲附，敌我的国家谁治得好，蓄积财富谁比较多，士卒训练谁较精良，甲器兵仗谁最锋利，器械装备谁最方便。所以，运筹计划于庙堂的上面，就可以决定胜负于千里的外面。凡是有形象的，天下的人都能看得见，有书文篇籍的世人一定传授学习。这些都是以有形相胜的。但是，最好的形象就是没有形象，所以不以它为法，而贵道的原因，就是它没有形状。没有形状就不能够限制逼迫，不能够度量长短，不能够使巧智诈谋，不能够计划谋虑。所以可见的智是人为的智谋，可见的形是人为的功劳，众人都能够看到的是人为的伏藏，器使方法能够看到的是人为的准备、动作周旋、高低屈伸，可以设智巧施诈伪的，都不是善于用兵的。善于用兵的，他的行动，像神出的无声，鬼行的无迹，像星的闪耀，天的运转，前进后退，屈伏伸展，看不见征兆，看不见边际。像鸾鸟举翼高飞，像麒麟振趾远跑，像凤凰飞翔，像龙马腾跃。发动时像秋风起，快疾时像惊龙飞。善用兵的，应该像以生攻击死，以盛陵踏衰，以快掩取慢，以饱控制饥。像用水灭火，用汤浇雪。像这样，往什么地方会不顺遂，往什么地方会不通达呢？

【点评】

先于庙算者，必能较敌我之强弱优劣，知彼知己，然后才能百战百胜。同时运用无形的战争，使敌人受制于我，比有形的战争，更来得有效。能够这样，取敌之易，就像用水灭火，用汤泼雪。

十四、兵贵神速

用兵的方法，在心中要清虚自己的精神，在外面要静漠自己的意志。这样才能够运用于无形不见的境界，才能够设计出使人料想不到的奇谋。去的时候，和飘飘不知往什么地方去的同去；来的时候，和忽忽不知从什么地方来的同来。往来飘忽，不能够知道他要到什么地方。分枝而出，乘间而入，不能够知道所集的多少。突然而来像雷霆，疾速而起像风雨。又好像忽然从地下出来，又好像忽然从天上下降。出的时候单独出，入的时候单独入，没有能够捍御的。快得像箭镞一样，怎么能够胜过？一暗一明，谁能够知道他的头绪？还没有见到他出发，却早已经到了。所以善于用兵的人，见到敌人的空虚，就乘虚而攻，绝对不要放过他。

敌人有空虚，追赶他不可以放过他，逼迫他不可以放松。攻击敌人要在他疑而不定的时候，凌踏敌人要在他进退不决的时候。同时袭击敌人要快，快到像迅雷的声音来到而不及掩耳那么快，快到像闪电的电光来到而不及闭目那么快。善于用兵的人，就好像声和响能够时时响应，就好像钟和鼓的声音能够时时相连。迅速得像眯了眼来不及揉，像呼出了气来不及吸。在这个时候，仰头向上看不见天，低头向下看不见地，手里不挥动戈，武器没有全部拔出来，攻击敌人像迅雷，逼迫敌人像疾风。使敌烦躁像火烤的一般，使敌人不安像水淹的一般。敌人静下来不知道如何去坚守，敌人行动起来不知道应该做什么。所以善于作战的人，击动了鼓，挥起了旗，敌人没有不失败崩溃的。天下的人，谁敢在他面前违抗他的威严，反对他的命令呢？所以，使敌人畏惧的用兵者，一定胜利；等待敌人来攻的用兵者，一定失败；为敌人所攻击而没有抵抗力的用兵者，一定灭亡。

【点评】

兵贵神速，就是要快。因为兵家用兵，能够攻其不备，出其不意，都要靠一个快字。我快敌慢，自然我为主动，敌为被动。凡是能够得到主动的，就能够制敌机先，这样就可以战无不胜，攻无不克了。

十五、用兵的方法

善于用兵的人，守静就会坚强，专一就有威严，果决就会勇敢，心中疑惑不定就会失败，力量分散就会变弱。所以能够分散敌人的兵力，迷惑敌人的军心，就是以小的兵力也足以制胜。如果不能够分散敌人的兵力，迷惑敌人的军心，就是以几倍的军力也不足以制胜。所以殷纣王的军队有百万人，有百万条心；周武王的军队仅仅三千人，但是，大家都是一条心。所以千人同一心，就能够得千人的力量；万人都不一心，就没有一个人可以用。所有的将领士兵官吏民众，如果能够动静像一个人的身体一样，要动就动，要静就静，这样就可以对付敌人和敌人作战了。所以计划好了发兵，谋略定了举动，将领没有疑惑不决的计划，士兵没有分离背叛的二心。行动没有懒惰之色，口中没有虚妄的话，事情没有不知而行的事。应付敌人一定要敏捷，发动攻势一定要快速。所以将领要以民众做身体四肢，民众要以将领做中心灵魂，心诚，身体四肢就亲密而指挥自如；心疑，身体四肢就相挠背而不听指挥。心不能专一，身体就不能够应节而动；将不能诚心，士卒就不能够勇敢赴敌。所以良将的士卒，像虎的牙，像兕的角，像鸟的羽，像马的腿。因为马的腿可以行，鸟的羽可以飞，兕的角可以抵，虎的牙可以咬。他的战士虽然很强，但是不互相败坏；他的战士虽然很多，但是不互相残害。他之所以能够这样，完全是大家一条心所使然。所以，民众真的能够服从他的命令，虽然人少也不必怕；民众不能服从他的命令，就是人多也等于少。所以，部下不亲近他的长官，是他的心不愿服从；战士不怕将领，是他不愿以身力战。如果所用的军队，坚守一定牢固，进攻一定胜利，不需要武器相交、兵刃相接而生存灭亡的机运就已经出现了。

【点评】

用兵在于能得众心，古人对于汤、武的革命成功，都归功于汤、武能得众心；而桀、纣的失败，归咎于失去了民心。所以用兵的最好方法，就是能够得人心。

十六、三势二权

兵有三种势有两种权。三种势是：第一种是气势，第二种是地势，第三种是因势。将领勇气充足而轻视敌人，士卒果决勇敢而喜欢作战，三军众多，将士勇敢，百万的雄壮大军，激励的士气高入青云，三军的气势好像飘风，三军的声音好像雷霆。诚心积得多而威武加于敌人。这叫作气势。狭窄的道路、津梁、渡口和关隘，高大险峻的山有名的要塞，龙蛇的蟠屈像偃覆的雨笠，羊肠小道曲曲折折像开了笱（gǒu）门有进无出。一个人守住要隘，就是一千人也不敢通过。这叫作地势。趁着敌人劳苦、疲倦、怠慢、混乱、肚饿、口渴、受寒、中暑的时候，要睡就提醒他，不让他睡卧，要开拔就排挤他，不让他开拔。这就叫作因势。善于利用军中的反间，详细地审查布置和计划，在草木旺盛的地方设埋伏，隐藏起来自己的形体，出于敌人意想之外，使敌人的军队无法做适当防备，这叫作知权。阵卒排列方正，前行排列整齐，前进后退行动一致，什伍部曲彼此相连，前后秩序井然，彼此前后不相揉蹈，左右不相干扰。这样的行阵之下，受到刃伤的人很少，杀伤敌人的人很多。这就叫作事权。三势二权一定要表现出来，官吏士卒专一精粹，选择贤能任用干才，官职任用适宜的人选，计划好了谋略定了再去做。了解什么是死什么是生，举动措置能够恰得其时，这样敌人没有不震惊的。所以攻城的时候，不需要冲隆的云梯，而城就拔取下来了。作战的时候，不至于武器相交、刀兵相接，而敌人就被攻破了。这是因为他懂得必胜的方法啊！所以，用兵没有必胜的把握，不随便和敌人交兵，攻城没有必取的把握，不随便发动攻击。所以必须胜算已定而后决战，铃挂起来然后发动，这样可以使兵众聚集而不分散，军队出征而不空回，只怕没有一次动，如果一动，就可以凌天振地，可以抗泰山的重大，可以使四海震荡，使鬼神搬家，使鸟兽惊怕。这样的话，野外没有敌兵，敌国也没有城可以防守了。

【点评】

善用兵的人，要用气势威敌，要用地势胜敌，要用因势扰敌。这是所谓的三势。善于谋略，出敌人的意外，叫作知权；严阵待敌，行伍有序，克敌制胜，叫作事权。善于运用三势二权，则兵出必胜，敌人也就无城可守了。

十七、无形可制有形

静可以应躁，治可以御乱。无形可以制有形，无为可以应变。如果能够静而无形，虽然不能够得胜敌人，但是敌人不能够得胜于我。敌人先我而动，就等于他现了他的形象；敌人浮躁我能镇静，就等于使敌人的力量疲乏。敌人的形象败露，胜利的契机就可以把握了。敌人的力量疲乏，威武的形象就可以建立了。观察敌人的作为，就顺着他的作为而变化；察看敌人的邪正，就根据他的邪正来控制他的行动。用诱饵牵引他的欲望，使他疲于奔命，敌人如果有空隙，就赶快把空隙填上，用尽变化的方法来束缚敌人，用尽节制来颠仆敌人。敌人如果恢复静态，我就用出奇的方法使他不能静，如果敌人没有反应，我当全部调征来等待敌人。如果行动有反应，能够看见敌人所为，应该使敌人在后先己而动，来和敌人周旋让他转为易攻。敌人有所积，一定有所亏，明明转左攻他的东方，实际向右攻陷他的西方。敌人溃败逃走，后面一定可以移动，敌人逼迫而不动，就叫作奄迟。攻击敌人像雷霆一般迅速，斩杀敌人像斫草木一般容易，照耀像电光石火，以迅疾的速度来打击敌人，让敌人来不及逃，车来不及转。兵就像植木，弩就像羊角，人虽然很多，但在形势上没有敢抵挡的。凡是有象的没有不可胜的，凡是有形的没有不可应的。所以圣人把有形藏于无形，而游心在清虚之境，风雨可以障蔽，可是寒暑不可以关闭，这是因为他没有形啊！能够和平宽大，精微必到，贯穿金石，达到极远，可以寄托在九天之上，盘曲在黄卢的下面，之所以能够如此，是因为他无形。善于用兵的人，应该攻打敌人内部纷乱的时候，而不攻打他内部平治的时候。所以用兵的时候，不袭击阵势严整的敌人，不袭击旗帜严整的敌人。军容不能够看得见，用术相持，敌人有死形，因他的死形而制敌。敌人所采的方法，动而就于阴位，用虚来应实，一定被他所擒。因为虎豹不动的话，就不会进入陷阱里去；麋鹿不动的话，就不会遇到捕兽的网；飞鸟不动的话，就不会絓（guà）在网笭里，鱼鳖不动的话，就不会投到大蛤的嘴里。凡物没有不是因为动而被制的。所以圣人特别贵重静，因为能够静就能够应躁，能够后就能够应先，能够细密就能够胜疏略，能够广博就能够胜缺失。

【点评】

　　无形者精，有形者粗；无形者大，有形者细；无形者静，有形者动；无形者密，有形者疏。所以无形可以制有形。

十八、同心一志的力量

　　所以良将对于用兵，使士卒们心志相同，力量统一。勇敢的人不可单独前进，懦怯的人不可单独后退，停止下来要像丘山一样稳固，发动起来要像风雨一样快捷。加以凌蹭攻击的一定攻破，没有不被摧毁沮落的。行动起来上下一体，没有人能够抵挡防御的。在这样的情势下，伤的敌人多，而出手作战的少了。所以用五根指头轮流着弹，比不上握拳用力一捣的力量大；万人轮番代进，比不上一百人一齐到的力量大。就以虎豹熊罴来说，虎豹行动便捷，熊罴的力量大，但是人吃虎豹熊罴的肉，以它的皮革为席，就是因为虎豹熊罴不能够通它的智慧，合它的力量，所以有这样的遭遇。水本来可以灭火，现在章华台燃烧了，用升勺那么少的水来灌救它，就是把井水用干了，池水用完了，也救不了火。如果全部用壶榼（kē）盆盎大的器皿盛水去灌救，火就可以立刻被扑灭。现在人和人之间，并没有像水和火相胜的情形，而想要用少胜多，不能够达到成功也就很明显了。兵家偶然会有"以少耦众"的话，这是说他所率领的军队，而不是说他所作战的军队。或有率领指挥的军队多而用少的，这是因为战士不能同心协力。如果率领指挥的军队少而用多的，这是因为用力能够和谐。至于人能够充分发挥他的才干，把他的力量全部用出来，以少数胜多数的，从古到现在都没有听说过。

【点评】

力量要靠集中才能发挥，如果力量分散了，人再多也没有战胜的结果。《周易》上说：二人同心，其利断金。二人同心，尚有这样的效果，更何况众志可以成城呢？所以，用兵的人，能够使他的部属同心一志，必然能够发挥出最大的力量。

十九、用兵与天地时人

论神没有贵于天的，论势没有便于地的，论动没有急于时的，论用没有利于人的。总计以上四项，是用兵的主体。虽然如此，必须靠着道而后去做，才可以发挥它全部的用途。因为地利胜过天时，巧举胜过地利，势可以胜过人。所以信任天时的人，可以迷惑他；信任地利的人，可以约束他；信任时间的人，可以逼迫他；信任人的人，可以诱惑他。至于仁、勇、信、廉，是人的美才。然而，勇敢的人，可以诱惑他；爱人的人，可以夺他的仁；有信用的人，容易欺骗他；廉洁的人，容易计算他。统率大众的人，四者里面有一项出现，就会被敌人所擒获。由这些地方看来，用兵是以道理为制胜的要件，而不是以人才的贤能为要件，也就自然可以明白了。

【点评】

　　天、地、时、人有不可靠的时候，所以用兵要把握住道，才能得到制胜的要件，并不是以人才的贤能为要件。

二十、用兵以无原无形为高

　　所以敌人的军队如果像麋鹿，不能战斗，没有方法，那么设置捕兽的网就可以了；敌人的军队如果像鱼鳖，分散不能集中，那么就可以用网罟去捉他了；敌人的军队如果像鸿鹄，高而没有甲胄，就可以用弋射鸟的矰缴去射取他了；只有没有形象，对他是无可奈何的。所以圣人把自己藏在没有原因的地方，他的情实就没有办法可以看得到；运用到没有形象痕迹的地步，他的阵势就没有办法可以经历；没有法则，没有仪度，来而为之都能适宜；

没有名称，没有形状，变化而为有形象。深啊！瞜（zhǒu）瞜深得不见底；远啊！悠悠远得无尽头，是冬又是夏，是春又是秋，上达到最高的极点，下测到最深的渊底，变化循环，永远没有止息。立心在深远难见的旷野，藏志在九回最深的渊底，这样的话，虽有明目的人，谁能够察到他的情实呢？

【点评】

所谓无原无形，就是神不可测的意思。在军事上，以保密为最重要。保密则敌人不能知我，敌不知我，是我无原无形的最高境界。能做到这个地步，那就是高妙的技巧了。

二十一、三种将领用兵不同

兵所隐议的是天道，所图画的是地形，所明言的是人事，所能决胜的是铃势。所以上等的将领，他用兵的方法是，上得天道，下得地利，中得人心。采取机动，掌握时势，所以没有被攻破的军队，没有被打败的士兵。中等的将领，他用兵的方法是，上不知天道，下不知地利，专门能用人和掌握时势，虽然不能够一定万全，胜利的把握一定很多。下等的将领，他用兵的方法，博闻而常自己相乱，多知而常自己生疑，停住下来就会紧张恐惧，出发以后又会犹豫不决。所以有所举动，就会遭敌擒捉。现在就以两个人短兵相接互相决斗来说，两个人的巧拙程度，没有不同，但是勇敢的战士一定会战胜，这是什么原因呢？因为勇敢的战士表现得专诚一意，所以一定会胜。就像用大斧劈桐木柴火一样，不需要等待好的时间好的日子然后再来劈它，随时都可以劈开的。但是如果把大斧放在桐木柴火的上面，没有一点人力供给，就是等待斗柄转了，十二辰十日过了，而桐木柴火仍然不能劈开，这是因为无势的关系。所以把水遏住，它流的力量就会猛悍，箭激力强，它射的距离就会更远。把淇卫的箭栝上，饰以金锡，就是薄薄的细绘做幨（chān），而用腐荷的茎做箭杆，还是不能够独射的。如果能够用筋角的力量，弓弩的劲道，就可以贯穿兕甲而通过革盾了。以风来说，风的疾劲，能够把屋顶吹飞，把树木吹断。可是空的车子，不能够自下大路而上高丘，必须要用人力推才可以。所以善于用兵的人，他的兵势，就像把千仞高的堤中的积水决开一样，无人可以阻挡；就像滚圆石在万丈的深溪里一样，不能够停留。天下的人，看到我们的兵一定会胜利，谁还敢和我们作战呢？所以，如果一百人存着必死的决心去作战，一定胜过一万人存着必败的心理去作战。何况以三军的众多，赴水火而不旋踵死呢？虽然猝然之间诱合众力来争天下，哪一个人敢在他上面啊！

【点评】

　　将领不同，胜败的结果也就不一样了。但是作战和勇怯之气，专散之情，有密切的关系。同等之人，勇者胜怯者，专心同力者胜分心散漫者。这是很自然的道理。

二十二、天数地利人事

　　所说的天文，角亢在左为青龙，参井在右为白虎，星张在前为朱雀，斗牛在后为玄武。所说的地利，后生为高，前死为低，左丘陵为牡，右溪谷为牝。所说的人事，有功一定赏，有罪一定罚，动静合时，举措迅速。这些都是世代相传所作的固定标准，然而并不是产生随时变化的标准。所以察堂上之阴，就知道日月的次序；看瓶中的冰，就知道天下的寒暑。就物来说，它们相似的很少，只有圣人能够达到它的精微和极点。所以鼓不在五音之内，而是五音的领导者；水不在五味之内，而五味必须借水调和；将军不参与五官的事，可是他可以作为五官的督导者。所以能够调五音的，是不在五音以内的，能够调五味的，是不在五味以内的，能够治理五官的事情的，是不可度量的。所以将军的心，广大得像春天，明亮得像夏天，清静得像秋天，坚凝得像冬天。顺着形势和它变化，随着时代和它推移。曲物的影子不会变直，清音的声响不会变浊。看他所来的是什么，然后各用他所长的来应付。所以扶着义而动，推着理而行，覆他的节制而断割，因取而成功。使敌人知道我所出，而不知道我所入；知道我所举，而不知道我所集。开始像狐狸那么胆怯，敌人所以就轻率地来了，碰到以后像虎兕那么凶猛，敌人所以就惊怕得逃去了。飞鸟要捕食的时候，把它的头低向下；猛兽要攫取的时候，把它的爪藏起来。虎豹这样的猛兽，不把它的爪露在外面，噬食的时候也看不到牙齿。所以用兵的方法，也是如此，对敌表示柔软，迎敌的时候要刚强；对敌人表示纤弱，攻敌的时候要坚强；对敌人表示合，应敌的时候使用张；将要向西而故意表示向东；先表示相违反而后相结合；前面昏暗而后面明朗。像鬼一般的没有痕迹，像水一般的没有创伤。所以，他所向的地方不是他所去的地方，他所表现出的并不是他所计划的。他的一切举动措施和动静，没有办法可以认得出来。动作快得像电击一样，没有办法防备。所用的方法不重复，所以胜利可以百全，和玄妙明通，而不知道他的门户，这就叫作至神。

【点评】

这是示弱存强的表现，使敌人误以为我弱而来攻，结果以强应之而挫敌。此乃至神之法也。

二十三、兵强在民

国家的兵强在于民，人民能够为国家效死是守义的行为，义能够实行的原因，由于威严的建立。所以用文集合众人，用武来整齐众人，这就叫作一定取胜，威严仪节并行，这就叫作至强。人所喜欢的是生存，所憎恶的是死亡。但是高的城墙，深的城河，箭和雷石下击像雨，在平原上和广泽中，白刃互相交接，而士卒争先和敌人相遭遇的原因，并不是他们轻视死而喜欢受伤，是因为他奖赏很有信用，而处罚也很严明。所以在上位的人看在下位的人像儿子一样亲爱，那么在下位的人看在上位的人就像父亲一样可敬；在上位的人看在下位的人像弟弟，那么在下位的人看在上位的人像哥哥。在上位的人把在下位的人看待像儿子，就一定能够称王于四海，在下位的人把在上位的人看待像父亲，就一定能够正天下；在上位的人亲爱在下位的人像弟弟，在下位的人就容易替他效死，在下位的人把在上位的人当作兄长，就容易替他而亡。所以，父子兄弟相亲相爱的敌人，不可以和他相斗，是因为他先施恩于众的关系。所以四匹马不能够协调一致，就是像造父那样善于驾驶的人也不能够到达远方；弓和箭不能够配得合适，就是像后羿那样善射的射手也不一定能够射中目标；君和臣彼此的意见不能够一致，就是像孙子那样善于用兵的名将也不能够和敌人打仗。所以对内要修明政治以积恩德，对外要阻塞丑陋以服威严，观察他的勤劳逸乐以知他的饱饥，所以在这种情形之下，战士们盼望着作战的日子到来，同时在作战时一定能够视死如归。所以率兵的将领，一定要和士卒同甘共苦，同劳逸饥寒，这样士卒才能够尽为他而死。所以古代善于带兵的好将领，一定要身先士卒，炎夏盛暑的时候不张伞盖，严寒隆冬的时候不穿皮裘，这是表示同过寒暑的生活。险要狭隘的地方不乘马坐车，上登高陵一定下马，这是表示担任相同的劳逸。军中的饭食熟了，然后才敢吃；军中打的井有水了，然后才敢喝，这是表示共同忍受饥渴的意思。两军交战的时候，一定要立在箭射得到的地方，这是表示安就同安、危就同危的意思。

【点评】

要想军队的战力强，就必须使将士用命。要使将士用命，就必须要上下一心，亲如父兄，爱如子弟。更要同安危，共甘苦。上下无殊，全体一致。这样的军队，一定会强盛无敌于天下的。

二十四、民有二积三望

一位良将，他的用兵方法，常常用自己积德深厚的军队，来攻击积怨太多的敌人；用自己积爱广大的军队，来攻击积憎过多的敌人。这样的情势下，怎么会不胜利呢？君主求于民众的有两点：第一点是要求民众为他劳苦，第二点是要求民众为他牺牲。而民众所希望于君主的有三点：第一，饥饿的人能够让他吃饱；第二，劳苦的人能够让他休息；第三，有功的人能够让他得到报赏。百姓如果能够达到君主的两项要求，但是君主对于民众的三望却不能做到，这样的话，国家虽然大，人民虽然多，而军队还是会很弱的。假如说辛苦的人一定能够得到快乐，勤劳的人一定能够得到利益，斩获敌人首级的功劳一定能够全部得到，为国家牺牲以后子孙一定能够得到封赏。以上四项措施，民众已经相信的话，那么君主就是去射云中飞的鸟，去钓深渊里游的鱼，去弹琴鼓瑟，敲钟吹竽，掷六博，投高壶，任意地快乐游戏，他的军队还是会强的，他的号令还是会行的。所以在上的君主值得敬仰，在下的民众就可以为用了；在上的君主道德值得羡慕，那么对下的威严就可以建立了。

【点评】

以积德对积怨，以积爱对积憎，称为二积。饥而得食，劳而得息，功而有赏，这是所谓的三望。如果使民众受积德积爱，而又能达到三望的目的，那么，君主就可以在游乐嬉戏的生活中，而兵强令行，同时也可以用民而建威了。

二十五、将有三隧四义五行十守

为将的人一定要有三隧、四义、五行、十守。所说的三隧是：上明了天道，下熟习地形，中详察人情，这三种事情是人所行的蹊隧（道路）。所说的四义是：利国不称量国家兵的多少，为了君主就不顾自身的安危，见到危难就勇敢赴难而不怕死，剖判疑惑就不会逃避罪责。所说的五行是：柔软而不可以卷曲，刚硬而不可以断折，仁爱而不可以侵犯，信用而不可以欺骗，勇敢而不可以凌暴。所说的十守是：神明清澈而不可以混浊，谋虑深远而不可以意念，操守坚固而不可以变迁，知事明白而不可以蒙蔽，不贪图货财，不过求于物，不滥于辩论，不推于名实，不可以随意而喜，不可以任意而怒。这可以说是达到极点了。既深远又隐秘，谁能够知道他的实情呢？

【点评】

三隧、四义、五行、十守，是说明做将领必须具备的条件。能够具备这些条件，就可以用兵如神了。

二十六、善用兵者举措合宜

对于善用兵的人来说，发一定中选，说话一定合度，行动一定顺时，判事一定中理。他通达于动静的时机，了解于开塞的节度，详知举措的利害，就像符节能够契合一般。快的时候像满弓射的箭，劲力的猛像射出去的矢，又像龙蛇一般，行动没一定的常体，看不见他所中的，不知道他的尽处。他要攻的时候就不能够守，他要守的时候就不能够攻。曾经听说善于用兵的人，一定要先从本身做起，然后再要求别人，先要从不可胜算起，然后再设法求胜。修己要学于人，求胜要克于敌。自己不能够治理得好，然而要攻敌人的乱，这就像以火救火，以水来应水了，怎么能够控制火与水呢？现在使陶人变成陶土，那么陶土就不会变成盆盎；使工女变成丝，那么丝就不能够织成文锦。因为相同的东西，是不能够相治的，所以以不同为奇妙。譬如两只麻雀互相争斗，不到死的时候不止，像鹯鹰那样的猛禽来了，就马上为它们分解开了，这是因为异类的关系。静是躁的异类，所以静可以治躁；治为乱的异类，所以治可以止乱；饱是饥的异类，所以饱可以疗饥；逸为劳的异类，所以逸可以待劳。奇和正彼此能够相应，就像水、火、木、金彼此轮代为雌雄是一样的。善用兵的人，用五行的奇正来应敌，所以能够完成他的胜利。不会用兵的人，居于五死以贪的地位，所以一动就会被敌人所擒。用兵所贵的是谋略使敌人不能够猜测，形体隐蔽使敌人不能够发现，行动出于敌人的意料之外使敌人来不及设防。反过来说：如果谋略被敌人发现，就会走上穷途末路，如果形体被敌人发现，就会受制于敌人。所以，善于用兵的人，上隐最好的方法是隐于自然，下隐最好的方法是利用地形，中隐最好的方法是隐于人间。隐于天的就可以无不制，什么叫隐于天呢？过分寒冷，特别炎热，劲疾的风，倾盆的雨，弥漫的雾，昏暗的天，顺着这些自然的现象而运用变化。什么叫隐于地呢？高山冈陵，低丘土阜，林木丛杂，险阻难行，可以埋伏隐藏，使敌人不能够见到我们的形体。什么叫隐于人呢？遮蔽在前面，看起来在后面，在行阵之间，突出奇兵，一旦发动，就像雷霆万钧的重力，快得像风雨的劲疾。卷起大旗，停止鼓声，出入没有形象痕迹，更没有办法能够了解他的头绪。

【点评】

善于用兵的人，举措一定合宜。而最重要的就是隐藏自己，使敌人无法测知我的动向。然后必能以正合，以奇胜。胜敌而无迹，方称良将。

二十七、用兵八善

阵势前前后后非常整齐，四四方方如绳墨规矩，出入直通，都按秩序，用轻骑张两翼来护军边而利，或在前面，或在后面，离散分开，集聚相合，都不会失去行伍。这是善于治理行阵的人。明于奇秘玄妙、阴阳变化、刑德张弛、五行循环、望气观兆、占候星象、龟策卜筮、禨祥吉凶。这是善于观察天道的人。设规虑使敌起疑，设蔚施伏使敌不知，利用水火，出现珍奇怪物，使军队鼓噪骚动，主要的是要惑乱敌人的耳朵；拖着树梢，陈设短柴，使地上扬起尘埃，主要的是迷惑敌人的眼睛。这是善于诡诈装假的人。长矛大斧牢重坚固，但难以使人恐惧，威势重利不能诱惑他，死亡的威胁不能引动他。这是善于充强的人。轻疾强悍，勇敢而轻视敌人，快得像流星的消失沉没。这是善于用快捷出奇的人。察看地形，驻军的地方，修治军营堡垒，注意烟讯和斥候，居住在高陵上和有出路的地方。这是善于利用地形的人。因敌人的饥渴寒热，疲劳倦怠，混乱恐怖，步行艰难，用精选的士卒追击他，在夜晚去攻打他。这是善于因应时变的人。平地用车战，险地用骑兵，涉水过河多用弓，狭隘的地方就用弩，白天多设旌旗，夜晚多用火把，昏暗的时候多用鼓。这是善于设施的人。凡是属于这八种里面的，一种都不可以没有。不过这并不是用兵所贵的条件。

【点评】

所谓用兵八善，是指善治行阵、善观天道、善谋作为、善于充强、善用地形、善于迅奇、善应时变、善于设施。这八种方法，虽然是用兵所不可缺少的，但是并不是用兵所贵的。用兵所贵的在于得道。

二十八、将必有独见独知和善用虚实

做一名将领，一定要有独知独见。所说的独见，是见敌人所见不到的地方；所说的独知，是知敌人所不知道的地方。能见敌人所见不到的地方，就叫作明；能知敌人所不知道的地方，就叫作神。神明的人，是先胜的主要条件。因为先胜的人，他守敌人不可以攻；他战敌人不可以胜。攻敌而敌人不可守，是善用虚实的关系。上级和下级有衅隙，将吏彼此不能相合，所持的理由不够正直，士卒心里积怨而不信服，这就是所谓的虚。君主英明，将领优秀，上级和下级同心协力，声气心意都很相投，这就是所谓的实。就像用水去泼火，所碰到的一定陷灭，所迫近的一定迁移。坚硬和柔软本来是不相通的，但是坚柔是相胜而相权的，这就是所说的虚实了。

【点评】

《孙子兵法》上说：见善不过众人所知，非善之善者也。由此可知，独见独知，确为做将领的人赖以决胜的要件。再加上虚实的运用，用我之实，攻敌之虚，克敌制胜，必能易如反掌。

二十九、兵所贵为虚实之气

所以善于作战的人，不在于兵少；善于守御的人，不在于城小。制胜的原因，在于能得威势；失败的原因，在于失去气势。作战的时候，实就要战斗，虚就要逃去，盛就会强，衰就会败。从前吴王夫差，地广方两千里，带甲的军队七十万。南面和越战争，使越王勾践仅能存身在会稽；北面和齐国战争，把齐国的军队打败在艾陵；西面和晋平公相会，擒服晋平公在黄池。吴王夫差之所以如此强盛，就是因为他用民气之实而造成的。后来吴王夫差骄傲自满，放纵欲望，拒纳善言，欢喜阿谀，勇急强悍，至于过分，不能够用正言相劝，大臣们都生怨恨，百姓们全都叛离。越王勾践精选甲卒三千人，擒吴王在干隧。这是因为越王勾践能够制虚才成功的。所以气有虚实，就像明必有暗是一样的。所以战胜的军队，并不是常常都是实的，战败的军队，并不是常常都是虚的。善于用兵的人，能够充实自己的民气，来等待敌人的空虚；不善于用兵的人，空虚自己的民气，来等待敌人的实在。所以虚实的气，是兵家所贵的。

【点评】

以自己盈满之气，与敌人战，无有不胜。以自己充实之兵，攻敌人已虚之阵，无有不克。所以良将贵知虚实。

三十、将军受命与战胜归来

凡是当国家有危难的时候，国君从宫中下命令召将军进宫，诏告将军说：社稷国家的命运放在将军的身上，现在国家有了危难，请你为将去应敌。将军受命以后，就使祝史太卜斋戒净宿三天，住在太庙里，钻灼灵龟，卜定吉日，就用这一天接受鼓旗。君主进入太庙之门西面站着，将军进入庙门，走到堂下，北面站着。君主亲自拿斧，抓着斧头，授给将军斧的把柄，说：从此开始，上可以至天，都由将军节制；又拿斧抓着斧头，授给将军斧的把柄，说：从此开始，下可以至渊，都由将军节制。将军已接受了斧钺以后，回答说：国家不可以从外面治理得很好的，军队不可以从中央统御的。将有二心不可以侍奉君主，君有疑心不可以应对敌人。臣已经受命于君主之前了，鼓旗斧钺的威严，臣受命而不还请命，希望君主也不要再说一句话来命令于臣。君主如果不答应，臣就不敢受命为将。君主如果答应，臣就马上辞君而赴命。于是就使用送终的礼节把手足的爪甲剪去，陈设送终的丧服，同时开北门依丧礼而出，乘坐将军车，载着旌旗斧钺，多得好像载不完。他遇敌决战的时候，绝不回顾，而且有必死的决心。因为将军没有二心，所以统军而出以后，好像没有天在他上面，没有地在他下面，没有敌人在他前面，没有君主在他后面。前进不是为了求名，后退不是为了避罪。唯一的目的就是保护民众，利益合于君主，这可以说是国家的宝贝，也是做一位上将应该做的事情。能够这样，有智谋的人都愿意替他策划，勇敢的人都愿意替他战斗，气激励得像青云一样高，行动快得像奔马一样疾。所以兵还没有交接，敌人就产生了恐慌畏惧。如果战胜而敌人逃跑了，全部都会受到功劳和赏赐。吏升他的官，增加他的爵位和俸禄。分割土地而替将吏调决在封域之外，有罪的士卒在军中就加以论罪。还返于国的时候，放下旌旗，送回斧钺。将完成任务向君主报告说：军队没有在战后再处治的，于是就穿着白色的丧服避开正寝，向国君请罪。君主说：赦免他。退而斋戒，大胜敌人的三年以后返回故舍，中胜的二年以后返回故舍，下胜的一年以后返回故舍。加兵于敌人的国家，一定是残暴无道的国家，战胜了不处分他的罪，取到的土地不再给他。百姓没有疾病瘟疫，将领不会夭折而死，五谷丰登，风雨按时有节。对外能够战胜，福泽就会产生于内，所以名一定成，而后世也可以没有余害了。

【点评】

　　将军受命，可以专制一切，不受君主的干扰，这样才能制胜。所谓将在外君命有所不受，意即在此。安国之君，成名之将，都能体会此言此意的。

卷第十七 说林训

一、以一世为法者如刻舟求剑

用一个时代的法度做标准，来制定治理天下的方法，就像客人坐在船上，行到水的中流丢了宝剑，于是在船的舷板上刻下记号，到了黄昏的时候，船靠岸停下，再到所刻的记号下面的水里去找宝剑，这样的人，可以说太不懂得事理了。所以，仅知道遵循着一个角落的遗迹，而不知道顺着天地自然而行，没有比这个迷惑再大的了。用一隅的方法，虽然有时候能够与时相合，但是，这并不是很可贵的。就像天旱的时候用土龙来求雨，有疾疫的时候用刍狗来求福一样，土龙和刍狗仅能做祭祀天地一时之用。这和曹布一样，因为曹布可以治疗蝤蛴（qiú）疮，所以仅为蛴者所贵。当然和夏后氏的半璧之璜是不可相比的。没有古没有今，没有始没有终，没有天地，而能够生出天地，大道可以说深微到了极点，广大到了极点，这才是真的值得效法的呢。

【点评】

这是说明，凡事不可泥于一道。因为法有一时之用者，有永远可行者。一时为用的，过后则成糟粕。永远可行者，是道法，道法不分古今，大而无限，深而无极，它可以应用无穷，所以值得效法。

二、得偏者败得全者行

凡是用脚步走路的人，所走的路不会远；不用脚步走路的人，所走的路反而能够极远。凡是用智慧的人，所知道的事情一定少；不用智慧的人，所知道的事情反而多。就像会游泳的人，用脚踢蹬水面，用手拍打水面，就可以浮在水面；不懂得游泳方法的人，愈是用脚踢蹬，用手拍打，愈容易沉下水去。但是，真正善于游泳的人，不用手脚，自然能够游泳，自然能够浮于水面。

【点评】

古人有善假于物的说法，其实就是善用方法，但是方法有偏有全。所谓行曲道者不至，那就是得偏者败的证明。假车马就可行远，假舟楫就可渡河，这就是得全者行的证明。

三、爱者自趋不用者必弃

飞鸟倦了一定投林回巢，兔子累了一定入窟回窝，狐狸死了一定把头对着山丘，寒将飞翔一定时时掠过水面。这都是因为它们对自己所居住的地方特别喜爱。不把镜子送给瞎眼的人，不把鞋子送给不能走路的人，不把章甫当礼物送给越国的人，因为瞎子不照镜子，跛脚不穿鞋子，越人断发文身不用章甫之冠。物非其用，自然就没有价值了。

【点评】

凡是所爱的，自然趋之；凡是不用的，自然弃之。此理之常见，也是世之常态。由此就可以明白趋舍的道理了。

四、能有长短

椎虽然有把柄，但是只能敲击他物，而不能够自击；眼睛虽然可以看百步以外的远处，但是却不能看到自己的眼眶。人虽然可以有所作为，但是不能够自为。狗猪吃东西不知道选择食器，只知道有东西便吃，因为取食容易，而使肢体肥壮，这样反而容易被宰杀而加快死亡；凤凰高飞在千仞以上，不随便吃东西，没有圣德的君主，是不能够得到它的。月亮的光可以照满天下，但是却被月中的蛤蟆所蚀而失去它的光辉；腾蛇可以飞游于云雾之中，但是却为大腹的蟋蟀所制而失去它的行动；乌的力量可以胜过太阳，但是却惧怕雖（zhuī）礼鸟。这些都是因为能力各有长短啊！

【点评】

各物有各物的用途，不能无所分别。但是用各有偏，长短不同。

五、凡得道者德随之

论长寿，没有比殇子更长寿的了；说短命，没有比彭祖再短命的人。短绳不可以汲取深水，器小不可以装盛大物，这是因为它不能够负荷这种责任和工作。以不怒为怒，以不为为为。看物于无形之中，就能够得到所见了；听声于无声之中，就能够得到所闻了。凡是至味不以为满意，至言不加以文饰，至乐不会大笑，至音不会大叫，大匠不必自斫，大的笾豆之器不必自具，有大勇的人不必和人自斗。凡是能够得其道的人，德自然也就跟着来了。就像黄钟接近宫，大簇接近商，是不能够更改声调的。

【点评】

得道的人，德也随之而来，因为他能无为而为的关系。

六、重外则内拙

凡是用瓦投做赌注的，因物贱而心无矜惜，所以能全发取胜，用黄金投做赌注的，因稍贵而心生紧张，反而中者少，用玉投做赌注的因最贵而不知所措，心里最怕。因为过分重视在外的金玉，而使自己气度不能安详，反而使技巧显得拙劣。就像追逐野兽的猎人，因为他全神贯注在猎物，像泰山那么高大的山他都看不见。凡是嗜好欲望太多的人，只看到利欲，而看不到害处，所以清明就被遮蔽了。凡是听有声音的音乐，就会耳聋，听没有声音的音乐，就能耳聪。唯有不聋不聪的人，才可以和神明相通。就像卜卦的人拿着龟，筮卦的人端着策，用龟策问于命运，怎么能够问到呢？跳舞的人依着节奏而举步，坐着的人很自然地跟着拍手，而节奏都能够一致，这是因为标准一样啊！太阳从旸谷上升，落进了虞渊，感觉不出来太阳在动，但是在短短的时间里，就要人低头去看它下落了。人没有愿意去学驾驭龙的，但是都希望去学习驾驭马；没有人愿意去学治鬼，但是都愿意去学治人，因为学驭龙和治鬼并不是当务之急，而学驭马和治人却为必需的急务。人在不得已的时候，有把门拆解当柴烧的，有把井填起来当臼用的，人在办急事的时候这样做，就是为了急其所用的关系。

【点评】

凡事不可为外物所牵拘引诱，因为受了外物轻重的牵拘引诱，会失去他本身的能力。换句话说，一个人对外物的轻重过分重视，就会失去本身的定力。一个人失去了自己的定力，就不能应事自如了。

七、相憎非不善相爱非必善

水与火本是不能兼容的，但是有一只小鼎放在水火的中间，鼎中盛水，鼎下烧火，五味就可以调和。父子骨肉之间是非常亲密的，但是谗言贼害的人处在中间，而两边挑拨离间，使父子之间相互残杀。父子是骨肉之亲，而谗贼的人离间使他们相残，这不就像一个人把自己的脚削小而穿鞋子，把自己的头削小而戴帽子一样吗？菖蒲可以除去跳蚤和虱子，但是却能招来蚙穷，虽然除去了蚤虱的小害，可是招来了蚙穷入耳的大患，这不是为追求小小的快意，而损害了大的利益吗？一道坏的墙，不如不做的好，但是墙坏了仍然变成土，反而胜过房子坏了变成一座坏屋。璧和瑗能够成为器物，这是治玉之石的功劳。莫邪宝剑利于断割，这是砥砺磨石的功劳。狡猾的兔子被抓到以后，抓兔子的猎狗就该被宰烹了；高飞的禽鸟被射杀光了，强有力的劲弓也该被收藏不用了。虻附在千里马的身上可以致千里之外而不用飞，没有粮粮的准备而不会受饥饿。失火的时候，遇到天下雨，失火是不幸的事，失火遇到下雨却是幸运的事。所以灾祸之中也可以遇到福。卖棺材的人希望人多生疾病，囤积粟米的人希望年岁有饥荒。水静止了就会平，平了就会清，清了就可以照见物的形状，而且一览无遗，不能躲藏。所以水可以作为正物的标准。川流干涸了山谷就会没有水，山丘平了深渊就会被填满，嘴唇没有了牙齿就会受到寒冷，河水的加深，是由高山天天冲蚀而成的。同样的一匹白色生绢，一头用来做冠，一头用来做袜子，冠就戴在头上，袜就穿在脚上，所处的地位正好相反。知道自己的人，不可以用物来引诱；明死生的人，不可以用胁迫的手段劫持他，善于游泳的人，不可以用涉水来恐吓他。亲密没有比骨肉更亲密的了，骨肉是节族相连的，如果心失去了宰制，反而自害其身，何况是他人呢？

【点评】

　　人都喜欢良弓猎狗，但是，一旦飞鸟射完了，狡兔捉光了，就该狗烹弓藏了。所以说，爱未必善。反过来说，也是同样的道理。

八、圣人于道如葵向日

圣人对于道，就像葵和日的关系一样，虽然不能够相终始，葵仰慕道，却是很真诚的。宫里的池塘多雨就会漫出来，天旱就会干涸。江水的原流，泉源流个不停。御盖不用橑（liáo）就不能遮盖太阳，车轮不用辐就不能跑得快，可是橑和辐是不可靠的。金可以胜木，并不是用一把刀就可以把森林斫光；土可以胜水，并不是用一块土就可以把大江阻塞。蹩脚的人，看见猛虎不逃走，并不是他勇敢，因为情况不许可。倾斜容易倒，相倚容易挤，相近便于协助，潮湿容易下雨。捕捉老鼠的人，见机发而得鼠；钓鱼的人，见浮杭动而得鱼；辇动的时候，车声就会出现。刍狗能够站立，而不能够行走；蛇床像蘼芜，而没有蘼芜的芳香。如果说许由没有道德，乌获没有力气，没有不怒形于色的。人没有不对于他所不能做的事加以奋厉的。以兔子逃走的快速，使狗追兔快得和马一样，可以追上太阳和风，但是使狗追马，它就跑不快了。冬天有雷声和闪电，夏天有霜和雪，但是冬天的寒冷和夏天的暑热不会改变。这是因为小的变化，不能够妨碍大的节令。

【点评】

道不可离，可离非道，向道之心，必如葵之向日，始可须臾不离。不离道，就不必怕以小变大，以轻易重了。

九、形虽同而爱恶有别

古代的天神黄帝，开始化生阴阳，上骈之神生了耳目，桑林之神生了臂和手。这就是到了女娲氏王天下的时候，已经过七十次变更造化了。整天说话，一定说到圣贤的事。射一百支的箭里，一定偶有像后羿和逢蒙那样的技巧。但是这些都不为世人所取法，因为偶然的巧合，并不是真技巧。牛的蹄子和猪的头颅，同样的都是骨头，但是世人都不用它来烧灼卜卦，而一定要问吉凶于龟甲，是因为龟所经历的年岁多。居处接近敖仓的人，不会因此而多吃饭，住在江河旁边的人，不会因此而多喝水。他们只不过希望吃饱喝足而已。兰芝因为芳香，所以长不到下霜的时候；枭鸟可以避兵，所以枭鸟的寿命活不过五月十五日。舌头和牙齿，谁先磨尽？矜下的铜錞和锋刃，哪一个先坏？绳子和箭，哪一个先直？鳝鱼和蛇的形状相像，蚕和蠋（zhú）的形状相像，但是喜欢和不喜欢的程度完全不同。晋国用垂棘之璧得到了虞和虢，骊戎用美女骊姬乱了晋国。耳聋的人不唱歌，因为他听不到，不能自娱；眼瞎的人不看东西，因为他的眼睛看不到东西。看射箭的人常丢下自己的工作，看书的人常忘记自己所喜欢的事。因为心意有所专注，就会忘掉他本身的工作。古代的作为不可更改的话，那么只有古代的椎车，而没有其他的车类了。使不会吹竽的人但来吹竽，氐人来按竽孔，虽然可以中节奏而不可以听，因为没有官主啊！和死人同病难做良医，和亡国的人同道难做计划，替客人备饭而自吃藜藿菜食，因为名比实尊贵。喂乳的母狗敢咬猛虎，孵小鸡的母鸡敢和狐狸相斗，因为恩义加身，所以就不估计自己的力量。使影子曲的原因，是因为形曲，使响浊的原因，是因为声浊。情欲显于外的人，他的内心容易测知。华不按时而发的，果不可以吃。跂越的人，有的乘船，有的乘车，虽然不同路，到的地方是一样的。漂亮的女子身材不同，美丽的女子面貌不同，但是大家都喜欢看。梨、橘、枣、栗等各种果子的味道不一样，但都很适合口味。

【点评】

物各有用，事各有宜，不可更代。恩义加身，则弱者可强，柔者可刚。处事之宜，适物之用，虽然所采方法各不相同，但是殊途同归，最后目的终是一致的。所以美虽不同，大家同爱；味虽不一，众人同尝，就是这个道理。

十、不去颗瑕可全珠玉

人有因为做盗贼而致富的，但是富有的人不一定是盗贼；人有因为廉洁而贫穷的，但是贫穷的人不一定都廉洁。荻花很像棉絮，但是不能够当作棉絮来用。生长森林的地方，得不到直路。通过险阻的地方，走不到直路。羿射箭之所以能够射得远又能够射中小目标，并不是弓矢好的关系；造父驾驭之所以能够很快又能够到达远方，并不是辔头衔口好的关系。海因为能够收回它所散发出来的水分，所以能够保持它的广大；车轮因为能够反复地辗转不停，所以能够到达远方。羊肉不喜欢蚂蚁，蚂蚁喜欢羊肉，因为羊肉有膻味的关系。醯（xī）酸不喜欢蚊子的幼虫，蚊子的幼虫喜欢醯酸。品尝一块肉，就可以知道一锅子肉的味道。挂起来羽毛和木炭，就可以测出来干燥和潮湿的气候。用小来看大，用近来比远，十顷大的水塘，可以灌溉四十顷的田地，但是一顷大的水塘，不能够灌溉四顷的田地。这是因为大小的差别而使它如此的。皎洁的月光，可以看远的地方，但是不可以在下面写小字；浓雾的早晨，可以在雾中写小字，但是不能够看见十六尺以外的地方。画像的人对毫微的小地方特别谨慎，反而失去大貌；射箭的人对小处的目标特别注意，反而不注意大的地方。为了治理老鼠洞，而把里间的墙坏掉；为了挤破脸上的小疱，而把身上的痈毒引发出来，这都是因小而失大。就像珠上有颣（lèi），玉中有瑕，任颣瑕在珠玉上，反而可以保全珠玉，如果去掉颣瑕，反而会使珠玉坏掉。

【点评】

凡物全美者少，如果因为去掉一点瑕疵而伤及物的本身，那是得不偿失的。所以，凡事不可因小失大，就像有颣瑕在珠玉上，反而可以保全珠玉一样。

卷第十九　修务训

一、古之圣人有为而不懈

　　有人这样说：无为就是寂然没有声音，漠然没有动静，招引它不会来，推走它不会去。像这样才是得道的方法。我以为不是这样。曾经问于圣人道：像神农、唐尧、虞舜、夏禹、商汤，可以称得上圣人吗？有理论的人一定也不能够不承认他们是圣人。以这五位圣人来看，他们不能够无为而治是很明显的。因为古代的人民吃草喝水，采摘树木的果实，吃螺类和蠪类的肉。所以那个时候，有很多的疾病和毒伤祸患。于是神农氏就开始教民种植五谷，察看土地合宜的性质和干湿肥瘠高低的形势，用口尝试百草的滋味，水泉的甜苦，使人民知道有所躲避和取用，当这个时候，神农氏一天里面，遇到七十次毒。唐尧建立孝顺慈爱，爱人爱物，使用人民，就像自己的子弟那样爱护。西方他教沃民之国，东方教黑齿之国，北方安抚幽都，南方教导交趾。放逐驩兜在崇山的地方，流逐三苗在三危的地方，流放共工在幽州，诛鲧在羽山。虞舜做宫室筑高墙，以茅苇盖屋，开土地，种五谷，使人民都知道离开洞穴，各自有家室居处。往南方征伐三苗，在道路上死在苍梧。夏禹每天在外奔走，以淫雨沐浴身体，以疾风梳头发。决开巫山使江水东流，疏导黄河使东注于海，开通龙门和伊阙，修治彭蠡大泽的堤防，用四种交通工具，山行用蔂（léi），水行用舟，陆行用车，泽行用毳（jué）。顺着山刊木为志，平治天下的水土，定国共一千八百个。商汤早起晚睡，以思虑万事，能得精义，以达到聪明的境地。减轻赋税，减少聚敛，来富百姓。散布道德，广施恩惠，以救济困穷的百姓，吊祭死者，慰问疾病，以赡养孤儿和寡妇。因此百姓都亲附他，政令通行，于是就整兵于鸣条，困夏桀在南巢，数责他的罪过，把他放逐到历山。这五位圣王，是天下的强盛之君，劳累身体，竭尽思虑，来替百姓兴利除害而一点不懈怠。所谓圣人，不以身贱为耻，而以其道不行为愧；不忧愁生命的短促，而忧愁百姓的困穷。所以夏禹为了治水，自己以身为质解祷于阳盱（miǎn）之河；商汤苦于旱灾，自己以身为质祷雨于桑山之林。圣人忧虑百姓，这样的明切，而说圣人无为，那岂不是荒谬吗？

【点评】

无为的意义，不是寂然无声，漠然不动。古代的圣君，为民忧劳、牺牲，不顾身体，如果说他们是无为，那是荒谬的。那么，要如何才可以称为无为呢？是不是听其自然呢？答案：不是的。我们看了下一段话就可以明白。

二、所谓自然一定要顺势而为

古代奉立帝王，并不是为了奉养帝王使他满足欲望；有德的圣人践于帝位，并不是为了使他自己身体逸乐。因为天下有以强大掩取弱小，以众多凌暴寡小，以智慧欺侮愚昧，以勇敢侵害怯懦，有知识的人不肯教没有知识的人，积财多而富有的人不肯分给贫穷的人，所以立天子来使大家能够齐等相同。又因为天子一个人的聪明有限，不能够把海内的事全看得清楚和全听得清楚。所以又立了三公、九卿，来辅正佐助他，但是远方的国家和异俗的国家，以及偏远政令不达的地方，不能够受到恩泽，所以又建立诸侯来教诲他们。因此，土地没有不生财的，节令没有不应时的，官员没有隐病失职的，国家对民众有利的事没有遗忘的。所以，寒冷的人给他衣服穿，饥饿的人给他饭吃，奉养年老体弱的人，而使疲劳困倦的人能够休息。再就布衣平民来看，伊尹背负鼎俎调和五味，干求于商汤，以求进身行道。吕望原屠于朝歌，鼓刀入周见文王以求为用。百里奚转卖于秦而相秦穆公。管仲桎梏送归齐国而相齐桓公。孔子奔走列国不暇于食，墨翟历行诸侯席不暇暖。由此可以看出来，圣人不怕山高，不怕河广，蒙受羞耻和侮辱，来干求当世的君主。他们并不是为了贪求俸禄，羡慕爵位，而是希望天下得治，兴起天下的利益而除去万民的害处。曾经听书传上说：神农氏为民憔悴，唐尧为民而清瘦，虞舜为民而黧黑，夏禹为民而手脚皮厚。从以上的事情看来，圣人对百姓们的忧虑勤劳可以说很重了。所以从天子以下到众百姓，四肢不动的，思虑不用的，办事求淡的，从来没有听说过。就地势而论，水是向东流的，但是人一定要加以治水，然后才能使水潦循着河谷流通。禾稼在春天生长，但是人一定要加上工夫以耘籽，然后才能使五谷成长。如果任水随便地流，让禾稼随便地长，那么鲧和夏禹的功绩就不能建立，后稷的智慧就不能发挥。至于我所说的无为，是指私心不能够害公道，嗜好和欲望不可以枉曲正法。要循着理去办事，因用去立权。这是自然情形，不是巧诈能够做到的。因此必须要事成而不自夸功劳，功业建立了而不自有其名。这并不是说他有感而没有响应，逼迫的他而没有行动。至于用火来干燥井，用淮水来灌溉山，这都是不可以的，也就是所说的用人为而违反自然，所以说是有为。至于说水行用船，沙行用鸠，泥行用輴（chūn），山行用蔂。夏天修渎，冬天筑陂，因高而做山，因低而做池，这些都是自然的事。圣人做事情，不同的方法而能够合于道，他所走的路子不同，但是所归的目的却相同。他们使危险的能够存在，倾覆的能够安定，不同的事可以得同样的结果。因为他们心里念念不忘希望能够有利于人。

【点评】

凡事非一法，凡路非一途，无论用哪种方法，无论走哪个途径，只要能够达到利民的目的，不都是一样的吗？所谓"天下百虑而一致，殊途而同归"，正是这个道理啊！这样不拘于一法，不限于一途，不就是自然了吗？

三、行止不同安国则一

从前，楚国准备攻打宋国，墨子听到以后，非常伤心，从鲁国出发疾走赶路，整整走了十天十夜，脚上被磨得生了重重的厚茧，同时在路上没有休息，把衣服撕开，包裹着脚走，到楚国的郢都去见楚王说：臣听说大王起兵将要攻宋国。你想，一定能得到宋国，然后才攻宋国呢？还是忘记你辛苦群众劳动人民，而使兵疲锐折，背负天下不义的名分，又得不到一点土地，仍然一定要攻宋国呢？楚王说：一定得不到宋国，又背负了不义的名分，为什么要攻宋呢？墨子说：我眼看着大王一定伤害大义而得不到宋国。楚王说：公输般是天下的巧士，造云梯做攻城的器具，用这样的设施来攻宋国，怎么会攻不下呢？墨子说：你派公输般施攻，我来防守。于是公输般造攻宋的器械，墨子为宋造防御的器械。九次攻宋，而墨子九次把他们打退，结果不能够攻下宋城。因此楚就休兵不再攻宋。段干木辞谢了禄位而闲居在家，魏文侯经过他的里门伏轼行礼，表示对他的尊敬。魏文侯的御者问：君主为什么要伏轼行礼？魏文侯回答说：因为段干木住在这里，所以要伏轼行礼。他的御者说：段干木不过是一介布衣，君侯就对他的里门伏轼行礼，不是太过分了吗？魏文侯说：段干木不汲汲于势位名利，怀抱君子的大道，隐居在穷巷里，但是他的名誉，远播于千里之外，寡人怎敢不敬重他呢？段干木的道德广，寡人的势力大；段干木的义多，寡人的财厚。但是势大比不上德高，财多比不上义贵。使段干木用他的贤德，来换寡人的尊贵，他不肯做。我每天忧虑忧思对着我的形貌自己惭愧，你为什么敢轻视他啊！后来秦将要起兵攻伐魏国，司马庾谏秦王道：段干木是位贤者，他的君主魏文侯礼敬他，天下没有人不知道的，诸侯没有不听说的，现在起兵去攻伐他，岂不是妨于大义吗？因此，秦国就休兵，不攻伐魏国。墨子疾行而走千里的远路，使楚、宋存而不亡；段干木闭门不出，使秦、魏安定不争。所以行和止，情势是相反的，但是都可以使国家存而不亡。这就是所说的行止不同，而归于存国则是相同的。

【点评】

墨子的奔走救宋，段干木的阖门安魏，行止方法，虽各相异，但是使宋、魏存而不亡者，实殊途同归之妙用也。

四、同事异方终归一致

现在救火的人，都汲取水来救火，或用瓮瓶，或用盆盂，这些器具，方圆尖扁都不一样，盛水的多少也各不相同，但是这些器具和水，扑灭火灾则完全是相同的。所以，秦、楚、燕、魏的歌，声音虽然不同，但是都是快乐的则没有两样；至于九夷八狄的哭泣，声音虽然不同，但是都是悲哀的却是一致的。因此我们可以知道，歌唱是快乐的反映，哭泣是悲哀的效验。发于内心，就会应于外表。所以歌哭的征验在于如何能够感发。

【点评】

凡是同事异方的，最后的结果却是相同的。就像盛水之器虽各不相同，而所盛之水则完全相同。用不同的器具盛水，水虽不同，然救火则是相同的。

五、不可因饱绝食因跌废走

　　圣人用心，日夜都不忘记希望加利于人，他的恩泽所能达到的，功效可算是大了。因为世俗的衰败，所以不善学的人多。而人的个性，各有所长短。就像鱼的跳跃，像鹊的驳行。这都是天生自然的，不可以减少和增多。我认为不是如此。鱼善跳跃，鹊善驳行，就像人自为人，马自为马，人马的筋骨和形体，都是天生的，不可以变更。根据这个来论，那就不相类了。马为草驹的时候，跳跃举蹄，翘着尾巴跑，人禁制不住它，张口乱咬，能够穿肌碎骨，用蹄乱踢能够破头陷胸。等到管马的人驯服它，好的御者教导它，用衡扼套在它身上，用辔头衔口相连起来。这样子虽然让它历尽险阻，越过深壕，它也不敢不做的。所以它的形体是马，马不可以变化。但是马可以驾车骑乘，都是经过人的教导驯服所致。马是无知的动物，它能够通达人的心意，还需要等待教导以后才能成功，更何况于人呢？人的身体正直，心性善良，努力发愤而成仁，充满心思要行义。有善性命可教说的，不需要等待学习而合于道的，就是唐尧、虞舜和文王。沉溺于酒，贪乐废事，不可以用道去教导他，不可以用德去晓谕他，严厉的父亲不能够纠正他，贤能的老师不能够变化他。这样的人，就是丹朱和商均也不能改变他。脸细牙白，形弱骨好，不需要施脂粉加香泽而美丽可爱的人，就是西施和阳文。急言口吃，张口不正，背下胸上，虽然用粉傅面，用黛画眉，也不能更加美丽的人，就是嫫（mó）母和仳倠（písuī）。因此，上比不上尧、舜的圣明，下不如商均的不肖，美比不上西施，丑不如嫫母。这些中人的资质，就教育来说，他们是可以教导的，就人才来说，他们是可以打扮的。进一步来说：儿子有弑父亲的，但是天下的人没有疏远自己的儿子的。这是什么原因呢？因为儿子爱父亲的人多啊！儒者里面有邪僻的人，但是先生之道并没废除。这是什么原因呢？因为儒者行正道的人多啊！现在因为学者们有过错，就对他们诽毁扬弃，那不就像是因为一次吃得过饱，就断绝五谷不再吃饭，不就像因为一次跌倒而受痛苦，就停止脚步不再走路一样吗？那真是迷惑不通了。

【点评】

孔子说：唯上知与下愚不移。也就是说特殊的人物是不容易改变的。但是，中知和中人是可以改变的。中知可以用教育使他们至于善境，中人可以加装扮使他们增加美丽。所以，我们对一件事的看法，不能够因为一点的不好，就认定全部不好，不能够认为一人的不正，就认定全部人都不正。这样的话，不是因噎废食，因跌忌走吗？

六、凡走极端者失公论

现在有善走的好马，不需要鞭打它，就会走得很好。如果是不善走的驽马，就是用两支鞭打它，也不能够前进。假如因为这个原因，就不用鞭策来驾驭马，那真是太愚笨了。就像一个怯弱的懦夫，手里拿着锋利的宝剑，斩击不能断臂，刺杀不能入肤。但是勇敢的武士，攘臂握拳一击，就会使筋骨折断身体受伤。假如因为这个原因，就抛弃了干将、莫邪那样好的兵器，而用徒手来作战，那就是大谬了。所说的言，是众人一样，天下同俗。但是现在，不是说九天的极高顶，就是说黄泉的最低底。极高和极低的两个末端，就议论来说，各走极端，怎么可以称为持平的公论呢？

【点评】

凡事都有一隅之失和一隅之得，凡理有偏理和通理。不可以一时的得失，而据以为得失的标准，亦不可以偏理代替通理为规范。所以凡事不可走极端，因为走极端的人，不能够有持公平之论。

七、名随众生

橘子和柚子是冬天生长，但是一般人都说是冬天死，那是认为冬天死的人比较多；荠类和麦子是夏天死亡，但是一般人都说是夏天生长，那是认为夏天生长的人比较多。长江和黄河转折弯曲的地方，有时候向南流，有时候向北流，但是一般人都说长江、黄河是向东流的。岁星、镇星和日、月，都是向东行，但是一般人都说星辰日月是向西转移，而以大氐为根本。北方的胡人有反应很迅速的，但是一般人说他是忿戾恶理不通达的人。南方的越人有个性宽缓的，但是一般人说他是轻利急疾的人。因为大家都这么说，所以就产生了鸷（zhì）、诇（chāo）之名。

凡是命名，不一定就实，以大家都如是说，即如是名之。这就是所说的"以多者名之"之义了。

八、无圣贤之异者不可不学

尧的眉毛有八彩之色，九窍畅通，洞达圣道、公平正直，没有私心的爱憎，仁言而万民没有厌倦。舜的眼睛里有两个瞳子，所以叫作重明，做事为后世所法，说出的话便成文章。夏禹的耳朵有三个孔，所以叫大通，办福利，除祸害，疏导黄河，开通长江。文王有四个乳，所以叫作大仁，天下的人民都归服他，天下的百姓都亲近他。皋陶的嘴巴像马嘴，出言不虚，所以称为至信，判理讼狱非常清楚，通晓人的实情。夏禹是他母亲感石而生的。契是他母亲吞食燕卵以后怀孕而生的。史皇（仓颉）生下来就能够见鸟迹而著书。有穷国之君的羿，左边的臂长而很会射箭。像这九位贤人，千年之久才能够有一位出现，但仍然能够继续不断地接连产生。现在没有尧、舜、禹、汤、文王五位圣人的天助，没有皋陶、稷、契、史皇四俊那样难得的人才，就想要放弃学习而循着自然之性去做，这就好像抛掉船只而想要用自己的脚踏水而行。

411

圣人贤者，多出于天纵，所以可以不习而能、不学而致。他们天生异貌殊形，一定有他们特别的地方，所以可以不学。但是一般人，既无天生之异禀，更无过人之资赋。因此，必假之于学，始能有所成就。若任性自然，就像释船而踏水，岂可行乎？

九、人须就学然后能成

像纯钩和鱼肠那样好的宝剑，当它刚刚被制造出来的时候，斩击的时候不能够割断，刺人的时候不能够进入皮肤。但是，等到加以磨砺以后，再磨它的锋刃和剑，这样琢磨以后，在水里可以斩断大船，在陆上可以刺透犀皮做的坚甲。像明亮的镜子，当它刚刚开始出模的时候，昏昏暗暗的好像被蒙着一样，一点儿都照不出来形体和容貌，但是等到用玄锡加以粉亮，用白旃加以磨光以后，就是鬓发眉毛微细的毫发，都能照得清清楚楚。至于学习，就像宝剑有砥石、明镜有玄锡一样。但是，说学习没有益处的人，那是所用理论的错误。

【点评】

最锋利的宝剑和最明亮的镜子，都需要磨砺和磋光，不然的话，就不能发挥它的作用。人也是一样，一定需要学习，才能够应世致用。所以持不学而成论点的人，是错误的。

十、贤智之不足不如愚凡之有余

一个有智慧的人有短处，不如一个愚拙的人有长处。一个贤能的人有所不足的地方，不如一个凡人有所超过的地方。怎么知道事情是这样的呢？譬如宋国人的绘画，吴国人的冶铸，他们刻镂的形态方法，有条理的纹路，修饰的巧妙，都能突出于人的意表，就像尧、舜那样的圣人，也比不上他们。蔡国的年轻少女，卫国的稚龄丽质，他们所织的锦绣纂组，上面有奇彩丽色，能使黑质掩没，红文显著，织工的巧妙，就像禹、汤那样的圣人，也比不上他们。

【点评】

凡人，不分贤智和愚拙，各有所长，亦各有所短。但是，不分贤愚，当各用所长，自可人尽其力，事得其宜。

十一、智谋可以制强力

天所覆盖的，地所运载的，包含在上下四方六合里面，托形在空间时间之中，阴阳合气所生之物，为血气之精，口里含着牙齿，头上长着角，前面生着爪，后面有鸡距，奋翅力搏，有脚的虫用脚行，无脚的虫蠕动前进。喜欢就聚在一块，发怒就彼此相斗。遇利益马上赶去相就，遇到灾害马上躲避而去，它们的性情都是一样的。虽然它们各有所好恶，但是它们和人没有什么不同。

可是它们的爪牙虽然锐利，筋骨虽然强壮，仍然不免受制于人，那是因为它们的知识不能够相贯通，才力不能够相一致。虽然都有它们各自的自然力量，没有接受外界的知识和谋虑，所以常把力量用完，无功而失败。

【点评】

用力不如用智，因为力是有限的，智是无穷的。鸟兽大者，其爪牙之利、筋骨之强、力量之大，皆过于人。但是常见鸟兽受制于人，而不见人受制于鸟兽，就是因为鸟兽之智不如人高。所以处事之道，不可单恃力，必须多用智。

十二、不学者智必寡

鸿雁顺着风飞，来节省它的气力，衔着芦苇翱翔，来防备矰矢弋缴。蚂蚁知道做蚁冢。貛貉（huān hé）知道做曲折隐秘的洞穴。虎豹知道在茂草的地方躲避。野猪知道在兽蓐上卧，在枝杈相连的树下窟穴像房子一样，阴天的时候以防备雨水，晴天的时候以防备日晒。这些也是鸟兽所知道的事，所以它们做各种的设施，以求合乎它们自己的利益。现在使人生在僻远不好的小国，生活在穷巷漏雨的房屋之下，长大的时候没有兄弟手足之亲，年少的时候没有父母亲情之爱。眼睛从来没有看到过礼节，耳朵从来没有听到过先圣先贤的大道。一个人独守在没有别人的房子里，而且从来没有出过家门。这样的人，即使他的性情不会愚拙，但是他所知道的一定会很少。

【点评】

　　荀子说：独学而无友，则孤陋而寡闻。更何况于不学呢？但是，学必须有适当的环境、适当的条件。单靠自身的聪明，而不多学博闻，那是不够的。必须假于物，求于外，才可以免于孤陋寡闻之讥。

十三、事有所传学不可以已

　　从前仓颉创造了文字，容成发明了历法，胡曹发明了衣服，后稷发明了耕种稼穑，仪狄发明了造酒，奚仲发明了用车。这六位贤能的人，都有神明的大道，圣智的事迹。所以每个人做一件事而遗留给后世，不能一个人独自兼有六人的能力。因此，各尽他们的智慧，重视他们所想要达到的发明，于是合起来就足备天下之用。现在使六位发明家，改变他们的专长，眼看着不能行得通，这是什么原因呢？因为天下万物太多了，而一人的智慧无法全部加以掩盖。周朝以后，没有像六位贤能的人那样的才干，但是都能够修六子的事业，当世的人，没有一个人的才干能领悟六贤的道术，这是什么原因呢？教化顺利设施传续得法，而使知识技能能够流通。由以上的证明来看，学习不可以停止，那是很明显的事啊！

【点评】

古人苦心孤诣，创造发明，传留后世，以备人用，那些知能，都是由累积而成的。如果人不为学，则前人的功绩就不能传于后世，那么人类将永远不会进步。所以每个人立身于世，都有受知传知和承先启后的责任，而承先启后，受知传知，必靠学习。所以学习是不可以停止的。

十四、盲者熟习可以致巧

现就瞎子来说，他的眼睛不能够分别白天和晚上，也不能够分别白色和黑色。但是他们弹琴弄弦，并弦上手下手，停止敷奏，手法疾速，不会弹错一根弦。如果使一个从来没有弹过琴的人来弹琴，就是有像离朱那样好眼力的人，像攫掇那样迅速的人，也不能够在琴上伸手熟练地弹奏。这是什么原因呢？这是因为每个人对于他所做的事，熟习久了之后而自然贯通才能这样的啊。

【点评】

凡事可以致巧，盲者弹琴弄弦，缓急有度，弹琴止弦，手法快慢不失。常人虽目可视，而拙于弹奏者，不学之故也。所谓熟能生巧，每天服用，每天学习，自可积久贯通，而可以达乎信手拈来、一无所失的境界。

十五、弓可正玉可镂心意可改

所以弓一定要有辅正弓弩的器具，然后才能够调整；剑一定要经过磨砺，然后才能够锋利。玉石的坚硬没有别的东西可以得得上，雕刻成为禽兽，头尾形状非常清楚，这是治玉之石（今名宝砂）的功劳。直的木料合乎绳墨，把它揉屈成为圆的轮子，它的弯度与圆相合，这是矫治曲木器具的力量。像唐碧那样似玉的坚石，还可以锼刻雕镂，加以矫治，使它变为有用的器物，更何况是可以改变的心意呢？

【点评】

弓弩可以借器具加以辅正，宝剑可以借磨砺使它锋利，坚硬的玉石可以使它变为物形，笔直的木头可以使它变为圆形的轮子。这些都是可以改变的。那么，人的心意又何尝不可以改变呢？但是改变人的心意要用什么方法呢？那就是教导和学习啊！

十六、学当勉力而求

至于精神清和宽舒，精细微妙，随时都会发生变化，而因应事物的转换变更，就像云的上升，风的吹动，在于施展运用而已。君子有能力，精进而不见，磨砺他的才干，使他自试而神智清明，多看事物而达到见识广博，通达事物使它不致壅塞，看始终的端倪，见远大的境界，以优游自适，徜徉在窈冥以外，很独特地自处，很超拔地离俗，这就是圣人游牧其心的方法。这样子而不能够闲居静静地思虑，弹琴读书，追观古代和贤士大夫、学习审问讲解辩论是非，大大以此自娱；探索分别世事的白黑和利害，计算得失，以观察祸福；设仪表立法度，可以作为标准，尽它的本末，以究极事情的实际；建立是而废去非，明白善恶，来告诉我们的后世子孙；死了以后有遗留的功业存在，活着的时候有光荣的名誉；像这样，是人力所能达到的，但是仍然不能够达到的，那是因为苟且随便懈怠懒惰，又常说自己没有空闲的时间学习，以此作为借口。所以贫瘠的土地上的百姓，大多都有心向义，是因为他们每天劳苦的关系。肥沃的土地上的百姓，大多数都没有才干，是因为他们每天太安逸的关系。从以上的事实来看，聪明的人没有事情做，反而比不上愚拙的人好学来得好。从人君、公卿至于一般的百姓，不自发自强而能够成功的，那是天下从来没有的事。《诗经》上说：为善的人，日有所成就，月有所奉行，应该学此光明。这就是勉人学习的诗啊！

【点评】

　　人的才干是磨砺出来的，人的能力是学习得来的。成名誉、立功业，这是人力可以达到的，而仍然认为不可能的人，那是因为他们不能勉力。所以《诗经》上勉人向学说："日就月将，学有缉熙于光明。"就是告诉我们不懈地去求学啊！

十七、功名可以勉而成

名可以借事而立，功可以勉力而成。所以君子积志任正，来求教于明师，砥砺节操高行，以不同于世俗。怎么可以知道是这样的呢？从前有一位南荣畴，他认为圣道的独亡是耻辱。所以他自己浴于霜露之中，着履疾走，跋山涉水，触犯荆棘，每走百里，始住旅社休息，脚上长满脚胼，仍然不敢停止，到南方去见老聃，向老聃求道。结果精神很明白地解悟了，钝惛条达通畅了，高兴得七天没有吃东西，就像飨食了三牲一般。所以，他的聪明广照天下，他的名誉延于后世，通数于天地，明分于秋毫。他的名誉为世人所传诵，一直到现在还不停止。这就是所说的，名誉可以勉力去建立的。

【点评】

建功立业，以求名誉，这是可以勉力达到的。只要立志坚强，求教于贤师，自然能够术通天地，明辨秋毫了。

十八、申包胥勉力建功

从前吴王阖闾和楚昭王战于柏举，主管大众的楚卿大心，按抚着他的驾驶的手说：今天来抵抗强敌，冲犯敌人锋利的武器，冒犯敌人的矢弩，与敌人作战而牺牲，但求能够保全民众，我们的国家庶几可以得安，于是进入吴国，力战不回，开腹断头，不旋踵回视而牺牲了。申包胥认为：就是竭尽自己的筋力，勇敢地对强敌作战，身死沙场，血溅于地，也不过是一个小步兵的才干，反不如爱惜身体，用谦逊的话，向诸侯去求救。于是他就裹粮赤脚急忙奔走，赴深谷，过峭壁，跋山涉水，偷渡津梁和关卡，走过密林茂草，践踏在沙石之上，膝盖脚掌上长了一层层的老茧，七天七夜，赶到了秦国的宫廷，站在秦廷上不动不吃，白天长叫，晚上痛哭，脸色如死灰，颜色霉黑，涕泪交流，去见秦王说：吴国就像贪婪的大猪长蛇，将要蚕食天下，渐渐就会轮到你们贵国，现在只不过先从楚国肆虐而已。敝国的君主失去了社稷，远远地流浪到随国，楚国的百姓流离分散，夫妇勇士没有时间坐卧安居。所以使小臣向贵国告急，希望贵国出兵相救！秦王听了申包胥的话以后，非常感动，于是派兵车一千辆，步兵七万人，由秦国大将子虎来指挥，越过武关向东进发，在浊水之上痛击吴军，结果大破吴军，因此保存了楚国。申包胥的功烈藏于朝堂之上，记载于宪法里面。这是功业可以勉力而成的例子。

【点评】

楚国的莫嚣大心为楚战死而无补于国破，但是楚国的另一位臣子申包胥，在吴国将要灭楚的当口，强行力走，赴秦求救。结果秦派兵援楚，大败吴国，保存了楚国的社稷。这是说明，功业是努力可以成功的。

十九、知事可为自强而成

一个七尺高的身体形躯，他的心里知道什么是忧愁和劳苦，他的皮肤知道疾病痛苦和冷热，这是每个人都一样的。圣人知道时机的不容易得到，而事务是可以去办的，所以使身体受苦，使形躯疲劳，使心神焦虑，使肝胆受怕，不躲避麻烦困难，不逃避危难艰险。曾经听说，楚威王的大将子发作战时，前进的速度就像用力射出来的箭，集合起来就像雷电那样快，解散开来就像风雨那样急骤，排圆阵合乎圆规，排方阵合乎方矩，打破敌人攻陷敌阵，没有人能够阻挡抵抗，战于沼泽一定胜利，攻打城池一定攻下。他并不是轻视自己的身体而喜欢赴死。因为任务在前面，遗利给后人，所以名立而不会废去。这就是自强而成功的例子啊！

【点评】

如果知道一件事可以办的，而又必须办的，那就应该不怕痛苦，不避危险地去完成它。这样不但名誉可立，而且可以遗利于后人。

二十、人各有任务不力不成

所以，耕田的人不努力工作，仓库就不会盈满；君主驾驭臣下不严厉，臣下心意就不会专一；国家的将、相没有能力，功业就不能建立；诸侯王公存心懈怠懒惰，身后就不会留名。《诗经》

上说：我的马青黑色，装上调匀柔软的六辔，向前驰驱奔跑着，到处咨访民情。这就是说明人是有他应该做的事的。

【点评】

每一种人，都有他自己的专职。如果不在自己的专职上努力，那就无事可成了。所以，每种人都该在他的职业上努力。

二十一、唯不达者贵古而贱今

通达物情的人，不可以用怪物惊吓他，因为怪物不能惊吓他；明于道理的人，不可以用奇巧引动他，因为他不为奇巧所动；察于言辞的人，不可以用名实向他炫耀，因为他对名实太清楚了；详悉形状的人，不可以用状貌欺骗他，因为他对状貌太了解了。世俗的人，大多尊崇古代而轻视现在。所以为道的人，一心要托名于上古的神农和黄帝，然后才能够说得进去。乱世的昏君，把自己的世系来源说得崇高遥远，因此而贵古。为学的人不明古人所论，因而尊崇他们所听闻的事，彼此互相正襟高坐来称道古说，正首来朗诵古说。由这些地方看来，可以看出是非不够分明的。假如没有规矩，虽然是奚仲，也没有办法定出方圆来。假如没有标准和绳墨，虽然是鲁班，也没有办法定出曲直来。所以，钟子期死了，俞伯牙就断弦碎琴不再弹了，因为他知道世上没有人能赏识他的琴音了。惠施死了，庄周就停止他的言说谈辩，因为他看出世上没有可以再和他谈话的人了。项橐以七岁的年纪，成为孔子的老师，孔子认为他的话有值得听的地方。以项橐的小小年纪，让他去说服里中年高的人，躲避老年人的敲打都来不及，还有什么道理能够说明呢？

【点评】

古未必是，今未必非，所以知者唯论是非，而不论古今。然而世人能够了解此理的人不多，所以钟子期死了，伯牙不再弹琴；惠施死了，庄子不再辩谈。因为他们知道失去知音以后，没有人能够了解他们了。孔子以七岁的项橐为师，是因为他的话有听的价值。但是里中老人就不然了，以为他是一个小孩子，能懂得什么？其实这就是批评贵古贱今的一个好例子。

二十二、凡事先识者为真识

从前谢子去见秦惠王，秦惠王很喜欢他，并把这件事去问唐姑梁。唐姑梁说：谢子是山东的辩士，常常用巧说以取悦年少无知的幼主。秦惠王因此就心中暗怒等谢子再来。过了几天谢子又来见秦惠王，惠王虽然接待他，但却不以他的说法为是了。这并不是因为谢子的话和以前有什么不同，而是因为听的人改变了主意。所以把徵音当作羽声，并不是弦索的罪过，而是听声音者的罪过；把甘味当成苦味的，并不是味道的过错，而是品味者的过错。楚国人有烹煮猴子召请他的邻居来吃的，他的邻居以为是狗羹，觉得味道甘美好吃，后来听说是猴子肉做的，就用手按着地呕吐起来了，结果把所吃猴羹全吐光了。这就是开始不知味的啊！邯郸的乐师瞽曾经制作了新的曲子，而托名为当时的名曲家李奇所作，众人都争先恐后地来学这个新曲，后来知道不是李奇的，大家都不再唱这个新曲了，这就是开始不知音的人啊！有一个乡野的普通人得到了一个玉璞，喜欢玉璞的形状，以为是一件宝贝而把它收藏起来。然后又拿给人看，看的人认为是一块石头，乡野的普通人就把这块玉璞丢掉了。这就是开始不懂得玉的人啊！所以中心能明实的人，就该以为是尊贵，而且不分今古。从来没有听人说过是或不是的人，就会认为所说的是远古的事，便加以珍贵。这就是和氏抱着玉璞泣血在荆山之下的原因了。如果现在有一把宝剑，或是没有侧锋，或是没有剑文，或是缺少剑齿，或是钝卷无刃，但是却说这把剑是楚顷襄王所佩过的宝剑，那么，贵人们就会争着佩带它。现在有一张琴，或是不正，或是曲弱，或是坏了，或是散音，但是却说这张琴是楚庄王弹过的琴，那么，侧室的宠人就会争着去弹它。楚山利金所造的小矛和白羊子刀，虽然能够水里斩断龙船，陆上刺穿兕甲，但是没有人佩带它。砍伐山桐做琴，用涧溪之梓做腹，虽然鸣声有廉隅，音清凉声和调，但是善于鼓的唐牙也不来弹它。通达的人就不是这样了，用剑希望它铦利，不希望它一定是墨阳、莫邪那样的名剑；乘马希望它能行千里，不希望一定是骅骝、绿耳那样的名马；弹琴希望它声音有廉隅，音色清凉而和调，不希望一定用滥胁、号钟那样的古琴；诵读诗书希望能够通达大道，知道事物，不希望一定要读《洪范》和《商颂》。因为圣人明鉴是非，就像用眼睛分别白黑那么容易，就像清商之声和浊宫之音用耳朵分辨那么清楚。一般人就不

424

是这样了，心里没有专主来接受，就像遗腹子上坟，用礼来哭泣，但因为不识父面，所以心里就不悲哀。所以孪生子（双胞胎）生得很相似，只有他们的母亲能够分别。玉石彼此相像的，只有良工能够辨识。书传的精微奥妙处，只有圣人能够叙述出来。现在用新圣人的书，假托是孔、墨的著作，那些学子们屈指恭敬受教的一定很多。所以，美人不一定和西施一样，通士也不一定是孔、墨之类。如果明白意是为了通达事物，所以才作书来明意，这是为了知者而这样做的。真的能够得到清明之士，拿水和镜子当作虚明的心，将事物照得清清楚楚，这样就不会因为古今的不同而改其志。表达书义来明告他们，虽然身死盖棺，也无所遗恨。

【点评】

凡事应该辨之于始，而不可更之于后；凡物应该贵其实，而不可以取其虚；凡事应该求于验，而不可以陷于名。不实用的器物，不必要的虚名，以及贵古贱今的思想，都足以妨事害意。我们要做一个通达的人，能够因为古今的不同，而就立意不定吗？所以我们必须有先识，自然就不会走错方向了。

二十三、美人不洁人厌之而况下者乎

从前，晋平公派官做钟，钟做成以后，把它给师旷看。师旷说：钟的声音不调和。晋平公说：寡人给工师看，工师们都说调和，你却以为不调和，这是什么原因呢？师旷说：假如使后世的人没有知音的人也就罢了，如果有知音的人，一定能知道钟的不调和。所以师旷希望调钟，以为后世一定有知音的人。夏、商、周三代和我现在的行为一样，齐桓、晋文、宋襄、楚庄、秦穆五霸和我的智慧相等。他们都有圣人、智者的实质，我竟然没有乡里的名誉以及穷巷的智慧，这是什么原因呢？三王五霸并身同行来立节，我则倨傲悠忽游荡以轻物。现在就算是毛嫱、西施，天下的美人吧，假如她们口里衔着死老鼠，头上蒙着刺猬皮，穿着豹皮衣，带着死蛇身，就是一般的百姓经过她们那里，没有不左右斜视掩住鼻子的。若使她们身上施芳香，画好蛾眉，戴上笄瑱(tiàn)，穿上细的绸布，系上纨素的长裙，白白的脸，黑黑的眉，身上佩着玉佩，摇体挠足而行，带着芝若香草，眇目以视，嫣然巧笑，美目流盼，嘴巴微动，像似要笑，露出了满口的美齿，脸上出现媚态。这时候就是王公大人，有严正的心，有高尚的节操，也没有不贪欲心痒而喜欢她的美色的。现在以中人的才干，智慧被愚惑所蒙蔽，行为被耻辱所污染，没有固定所修的职业，没有专务的道术，怎么会不遇到别人斜视掩鼻的脸色呢？

【点评】

　　人的志节和行为，古今大抵相类。但是，有名无名，有誉无誉，都在个人的修为。美人不饰，人见而掩鼻。何况中人之子，智慧既不过人，行为也不逾众，没有专修之职，没有专务之术，自然要被人看轻了。反之，如果善学力行，多加修饰，有如美人之加芳泽，自然人见人爱了。

卷第二十　泰族训

一、天不言应物圣人法天化人

天上张设太阳、月亮，罗列星辰，调和阴阳，开放四时，太阳可以暴晒，夜里可以静息，风吹可以干燥，雨露可以润湿。天生物的时候，没有看到它怎么养的，而物就长大了；天杀物的时候，没有看到它怎么丧的，而物就死亡了。这个就叫作神明。圣人像天而法天，所以，他替大家创造福祉，看不到他是怎么创造的，而福祉已经来到了；他替大家除祸害，还没有看到他是怎么除去的，而祸害已经没有了。远的可以近，亲的可以疏，稽考它得不到，详察它又不假。日计少得无法算，岁计多得有余。当湿来的时候，见不到它的形状，而炭已经加重了；当风来的时候，见不到它的形象，而树已经在动了；太阳的运行，见不到它移动，骐骥的千里马加倍疾奔，草木为之披靡，烽火转受虽快，但是太阳永远在它们前面。所以，天将要起风的时候，草木都还没有动，飞鸟已经翔集归巢了；天将要下雨的时候，阴沉的云还没有集中，但是鱼已经潜居到水底去了。这些，都是因为阴阳之气相感的原因啊！所以，冷热干湿，都以同类的在一起。声响的快慢，由于五音相应的不同。因此《易经》上说：鹤的鸣叫声音，虽然在隐而不显的地方，但是幼鹤自然会循声相应它。高宗居丧在凶庐之中，三年默然不说话。而天下之内，静悄悄的没有声音；一句话说是，就能使天下大动。这是以天心作为嘴巴开闭的标准啊！就像树木一样，一动它的根本，所有的枝叶都会动摇。就像春雨灌洒于万物，浑然流动，沛然淋洒，没有地方不被雨水所灌注，没有物不生长的。所以称得为圣人的人，怀抱天下，以天心为是，所以能感动和化育天下啊！

【点评】

天地自然，成物不见长，杀物不见丧。虽然不见其形，不闻其声，但是阴阳二气相感相应，却是历验不爽。君主和他的臣民，彼此相感应，也是如此。所以高宗谅闇（ān），三年不言，而四海之内，寂然无声。反之则一动其本，而百枝皆应了。所以圣人必须怀抱天心，声然动天下，那么天下的人，自然就会动感而应化了。

二、大巧非善作能致

所以精诚动于内心，形气就会感于天上。如此，景星就会出现，黄龙就会下降，祥瑞凤凰就会到来，醴泉就会涌出，嘉谷美禾就会生出，河水不会满而外溢，海水不会产生大波。所以《诗经》上说：告祭诸多神灵，及黄河高山的灵。违连天意，暴弃天物，日月就会减蚀，五星就会失去秩序，四时就会干犯乖错，白天昏暗，夜晚光明，高山崩倒，河川干涸，冬天打雷，夏天降霜。《诗经》上说：正月多霜，使我心里忧伤。这是说明了天和人有相感通的啊！所以，国家到了危亡的时候，天文就会发生变故，人世间就会发生惑乱，不祥的虹霓就会出现，万物也和这个相关联，精气的侵入也和这个相鼓荡，所以，神明的事不可以用智谋巧虑作为，也不可以用筋力达到。天地所包容，阴阳所蒸生，雨露所濡染，化生了万物。像美玉美石和玉珠，翡翠玟瑰，文彩明显清楚，润泽得像濡湿过的一般。研究而不耽玩，保久而不变易。奚仲不能够行，鲁班不能够造。这就叫作大巧。

【点评】

精诚能感天，天可降祥于下民。但是神明不是智巧能做到，不是筋力可达到。非人为，非力致，才可以称为大巧。

三、合天德者如神化

宋国人有用象牙替他的君主做楮叶的，三年做成了，茎枝上所长的豪芒，叶的肥瘦和色泽，把它杂放在真的楮叶里面，简直就不可以分辨。因此列子说：假如使天地三年生一片叶子，那么万物有叶的就很少了。天地施化于万物，吐气使它生长，吹气使它凋落，难道会这样勤苦吗？所以，凡是可以度量的东西，都是小的，凡是可以数得出来的，都是少数。因为至大的东西，并不是度量能够量的，至多的数目，并不是用数可以数清的。所以九州的面积，不可以用顷亩来计算，八极的广远，不可以用道里来计算，泰山的高大不可以用丈尺来计算，江海的水量，不可以用斗斛来量。所以大人能够和天地合德，能够和日月同明，能够和鬼神同灵，能够和四时不失顺序一样合信。所以圣人上怀天心，下抱地气，执守中道，内蕴和气。所以不离开朝堂而可以令行四方，改革习惯，变化风俗。所有的百姓，都能够被化而改过向善。就像性之于自己，能够用神化成一样。

【点评】

这是说明天德的伟大，不可以人拟，不可以小测，而可以化育万物。

四、自然非为物生而物各得以宁

天能够高远，地能够深厚，月亮照耀夜晚，日光照耀白日，阴阳化合，列星明朗。正他的大道，使物合乎自然。所以阴阳四时，并不是专为了生育万物的；雨露按时而降落，并不是专为了养育草木的。神明能够相接，阴阳能够和合，万物就产生了。所以，高大的山岳，深密的树林，并不是为了虎豹；大的树木，茂密的枝叶，并不是为了飞鸟；水源远自千里而来，渊深深到百仞以上，并不是为了蛟龙。自然使它高崇，成就它的广大。而所有的鸟兽龙鱼，或居住深山，或栖于高木，或巢于枝头，或住在穴中，有的潜在水底，有的行走走陆上，都能够得到它们的安宁。

【点评】

　　天生万物是自然的，不是为了人，不是为了物。如果说万物为人而生，那么人又是为谁而生呢？为了蚊虫吗？为了土壤吗？其实万物并生，才能造成和谐的世界。《中庸》上所说的"万物并育而不相害，道并行而不相悖"，就是说明万物并生之乐，而无相害之苦。

五、至诚能化

　　大的生小的，多的生少的，这是天的自然道理，所以低的山丘土阜，不能够产生云雨；荥泽的小水不能够生出鱼鳖，是因为山和水都太小了。牛马的热气上升，而生虮虱，虮虱的气，不能够生牛马。所以化生在外的，就不会在内。蛟龙潜伏居住在深渊，而所产的卵却分藏于陆上。螣蛇雄的在上风鸣叫，雌的在下风鸣叫，声音相应，就会变而成形，这是因为精诚相感到了极点。所以圣人养心，没有比诚再好的了。到了至诚的阶段，就能够动化了。

【点评】

　　为什么至诚能够动化呢？《中庸》上有这样的一段话：至诚是没有停息的，不停息，就能够永远保存诚心，能永远保存诚心，表现在外面的就会有明白的征验。能有明白的征验，就能够悠远而无穷。能悠远而无穷，就能够博大深厚，能博大深厚，就能够表现伟大光明。广大深厚，可以载万物，伟大光明，可以覆盖万物，悠远无穷，可以成就万物。广大深厚，是地的功能，伟大光明，是天的作用，悠远无穷，是不受时空的限制。这样子，不必表现就会彰明，不必推动就会变化，无须作为自然就会成功。因为至诚可以与天地同德，所以能够动化万物。

六、推诚心则内顺而外宁

圣明的君主在上位，空廓得不见形体，寂静得没有声音。官府里面好像没有事情一样，朝廷之上好像没有人一样。这时候，没有隐居的人，没有散逸的人，没有劳民的苦役，没有冤屈的刑罚。四海之中所有的百姓们，没有不敬仰君主的德行的，没有不趋向君主旨意的。夷狄的国家，带着翻译到来，这并不是一户一户去辩解，一家一家去游说而使他们这样的，只不过推展他的诚心，而把诚心施于天下罢了，所以《诗经》上说：先施惠于中国，然后来安绥四方。这是因为内部和顺，所以四方也就安宁了。

【点评】

前面说过，至诚不息。至诚不但不息，而且可以动神。因为至诚是合乎天道的，天道无为，无为就是顺自然而化，如此则君主推其至诚，自然可以达到内顺外宁的境界了。

七、唯诚可以动天下

从前太王古公亶父居住在邠，北方的狄人来攻伐他。太王就扶着策离开邠地，而邠地的百姓们拉着年幼的小孩，扶着年长的老人，背负着锅子瓦盆，越过了梁山，而立国在岐周。当时的民众，这样拥护太王，并不是命令所能办得到的。秦穆公亡失了骏马，被乡下的野人杀掉吃了，官吏把这三百个吃骏马肉的人捉到，将要法办他们，秦穆公说不要因为牲畜来杀人，把他们都赦免了。因为吃骏马的肉不喝酒会伤人，所以秦穆公就赐美酒给吃马肉的野人喝。后来韩原之战的时候，秦穆公被晋国军队包围了，这三百个吃骏马肉的人，出死力来报答秦穆公，不但使穆公脱了围，反而把晋君捉到了。这种事情，并不是契券责求所能够做得到的。密子做单父宰治理单父，巫马期到单父来看他治理的政绩和风化。看到夜里抓鱼的人，抓到小的鱼就马上放掉，这种做法，并不是用刑罚所能禁止的。孔子做鲁国的司寇，路上没有人拾取别人遗失的东西，市场上不会任意变更物价，打猎捕鱼长者分得多，头上生白发的人，不背负重的东西，这种好的风气，并不是法令所能做得到的。箭矢之所以能够射得远又能够贯穿坚牢，是因为弩的力量强大啊！箭矢之所以能射中目标又能穿开小点的，是因为射箭的人正心一意啊！奖赏善良，处罚强恶，这是政令，但是政令能够实行，就要靠精诚了。所以弩弓虽然强劲有力，没有正心的人用它也不能单独射中目标。政令虽然明白，没有精诚一意的人也不能够单独去推行。必须从精气推及于道，使道施于大众。所以散布大道来加到百姓身上，如果天下的百姓不能够顺从，这是因为诚心没有广施给大众啊！

　　古人说：不诚无物。要人民的拥护，不靠政令，而靠诚心；要战士的死力，不靠契券，而靠诚心；要百姓的感化，不靠刑罚，而靠诚心；要人民有良好的风气，不靠法令，而靠诚心。所谓精诚所至，金石为开。唯有诚才能够使天下人顺从啊！

八、顺势举措可以无敌于天下

　　天地四时，并不是专生万物的，神明相接，阴阳和顺，万物自然就产生了。圣人治理天下，并不是要改易百姓们的性情，而是要训练调度他原有的性情，而加以洗荡它。所以能够因循顺行，一定能够愈来愈大，变化而生欲，一定会愈来愈小。从前夏禹凿开龙门，开通伊阙，决通江水，疏浚黄河，使江河向东流注到海里去。这是顺着水势而让它流泻的啊！后稷开辟草地，垦殖荒田，施肥种谷，使五谷都能够生长适宜，这是顺着土地的性质而使五谷生长的啊！商汤王、周武王用兵车三百辆，带甲的士卒三千人，讨伐暴乱，商汤制夏，周武王制商，这是顺着百姓们的希望和要求啊！所以能够顺情势而举措，就可以无敌于天下了。

【点评】

　　这段话主在阐明"能因"的作用。所谓能因，就是顺势而行的意思，并不是全部改易，而是因势利导。这样不但凡事易行，而且事事顺理成章。就像夏禹治水，他是顺水之性而建立了大功。像后稷植五谷，他是顺地之性而生长了五谷。像汤、武的革命，他们是顺天应人而灭亡了桀、纣。所以能够因势而行的人，一定成功。

九、顺人之性以教化

凡物都有它自然之性，人了解它的自然之性以后，才能够有治理它的方法。所以，无论多么好的木匠，他也不能够斫金。无论多么巧的冶师，他也不能够熔木。因为金的质地不可以斫，而木的质地不可以熔。用模型和黏土做器具，穿木而做船，熔铁而做刃，铸金来做钟。这些都是顺着它们的可能性而做的。用马牛驾车，使鸡司夜报晓，使狗看守门户，都是顺着它们的自然习性去做的。人都有好色的个性，所以就有大婚的礼节，让他们结婚。人都喜欢饮食，所以有袷祭宗庙的大飨之礼，让他们吃饱喝足。人都有喜欢音乐的性情，所以有钟鼓管弦各种音乐，使他们耳朵满足。人都有悲哀的性情，所以有丧服和哭跳的礼节，让他们发泄。所以先王制定法令，是顺着人民的喜好而制定规律的。因为人都好色，所以制定了婚姻的礼节，而分别了男女。因为人都喜欢音乐，所以制定了《雅》、《颂》的正音，使风俗不会流荡。因为人都喜欢安定家室，爱护妻子，所以教导他们知道顺从，所以父子互相亲爱。因为人都喜欢朋友，所以教导他们悌敬，所以长幼就有了次序，然后再修明朝聘的礼节，以分别贵贱。举行乡饮酒礼和乡射礼，以分别长幼。农暇田猎振旅，来学习作战。进到学校，去学习人伦礼节。这都是人本身所存在的本性，而由圣人所教化而成的。

【点评】

凡物都有它自然的本性，人也不例外。人的自然本性是什么呢？那就是好色、好吃、好乐、悲哀。但是这些自然之性，只要加以节制，顺性而行，一定能够达到教化的目的。

十、顺性而行民皆听令

人如果没有食色哀乐的性情，就不可以教训他，有食色哀乐之性，而不加培养，就不能够遵循大道。茧的本性为丝，但是非经缫丝的工女用热汤来煮茧，抽出来丝的头绪，就不能缫成丝。蛋孵化了以后，可以变成雏，但是没有母鸟（或鸡）用身体俯伏加暖，经过相当的时候，就不能够变成雏。人的本性，含有仁义的禀赋，但是没有圣王制定的法度来教导他们，就不可以使他们走向义方。所以先王教化百姓的方法，是顺着百姓们所喜欢的来勉励他们向善，顺着百姓们所不喜欢的来禁止奸邪。顺势而行，所以刑罚不须要施措，而威命的推行就像流水一样那么容易，政令清减省约，而教化的明显就像神灵一般那么简单。所以顺着民性去做，天下的人都会听从；违背民性去做，就是把法令挂在面前也没有用。

所谓顺民之性，并不是听其自然，而是要因势利导。民之所利者，与之；民之所恶者，去之。这样才能够达到顺化而治的目的。

十一、五帝三王治天下用参五之法

从前五帝三王临位行政施行教化的时候，一定都用参五的办法来推行。什么叫作参五呢？上取法天象，效法天的自然法则来办事；下取法地理，效法地的自然法则来办事；中取法人事，依顺人情来办事。立明堂布令朝见的地方，各依时令推行十二月的政令，来调和阴阳之气，使四时的节候和顺，来避免疾病的灾害。这就是取象于天了。下察地理，来制定度量，观察山陵陆地河川薮泽，以及肥沃墝（qiāo）薄高低相宜的形势，因地形势而从事田渔耕作和生产，借此而免除饥寒的忧虑。中考人的德行，来制定礼乐，行仁义的治术，来治理人伦，借此除去暴乱的灾祸。于是清列金木水火土五行之性，所以建立父子间的亲情而完成家道。分别五音、六律相生的关系，来建立君臣间合宜的关系以建立国家。观察一年四季季孟的顺序，按着这样的顺序，来建立长幼的礼节而建立官制。上取象于天，下取度于地，中取法于人，就叫作"参"。规定君臣上下的合理规矩，父子亲爱的关系，夫妇男女的分别，兄弟长幼的顺序，朋友彼此之间的关系，这种君臣、父子、夫妇、兄弟、朋友的伦常，就叫作五。分地立州，分职治理，建筑城市让百姓居住，划定住宅使各家分开，散给财物使百姓能够有衣穿有饭吃，成立大学来教诲他们，早起晚睡来为他们勤劳，这可以说是治天下很好的要领了。但是，一定要有很适合的人，才能够治理得好，如果失去了适合的人，就会使治道废弛。

【点评】

这是说明用三五之法来治国。三就是天、地、人，五就是君臣、父子、夫妇、兄弟、朋友五伦。天时、地利、人和得到了，五伦亲睦了，天下自然可以平治了。

《中国历代经典宝库》总目